Neue
Kleine Bibliothek 175

W0056548

Werner Ruf

Der Islam
–
Schrecken des Abendlands

Wie sich der Westen sein
Feindbild konstruiert

PapyRossa Verlag

© 2012 by PapyRossa Verlags GmbH & Co. KG, Köln
Luxemburger Str. 202, 50937 Köln
Tel.: +49 (0) 221 – 44 85 45
Fax: +49 (0) 221 – 44 43 05
E-Mail: mail@papyrossa.de
Internet: www.papyrossa.de

Umschlag: Willi Hölzel, Lux siebenzwoplus
Druck: Interpress

Die Deutsche Bibliothek verzeichnet diese Publikation in der
Deutschen Nationalbibliografie; detaillierte bibliografische
Daten sind im Internet über http://dnb.ddb.de abrufbar

ISBN 978-3-89438-484-5

Inhalt

Vorbemerkung

Die Hysterie um »den Islam« scheint keine Grenzen zu kennen: Die Hälfte der 6.000 auf Planstellen beschäftigten Mitarbeiter des Verfassungsschutzes beobachten hierzulande die »islamistische Szene«. Die Angst vor allem, was mit dem Islam zu tun hat oder zu tun haben könnte, ist bis in die Poren der Gesellschaft gedrungen: Diese Latenz erklärt die Popularität von Publikationen wie den Büchern von Henryk M. Broder oder Thilo Sarrazin. Sie erklärt auch, weshalb dem rechtsextrem-rassistischen Spektrum zugehörende Massenmorde wie der des Norwegers Anders Breivik von den Medien zunächst ohne jede Prüfung spontan und geradezu selbstverständlich »Islamisten« zugeordnet wurden, warum die Mordserie des »Nationalsozialistischen Untergrunds« nicht erkannt werden konnte – oder vielleicht gar sollte: »Döner-Morde« wurden sie genannt, obwohl ein einziges der neun Opfer an einem Imbissstand getötet wurde, »Bosporus« hieß die dafür gebildete Sonderkommission und wies eindeutig die Richtung, in die zu ermitteln war. Die mediale Rede von der »Halbmond-Connection« verquickte Vorstellungen von organisiertem Verbrechen mit dem Islam.

Hinter der Angst und ihrer medialen Inszenierung steht die zentrale Frage der Definition des »Wir«, des Bildes von unserer eigenen Gesellschaft, denn »im Umgang mit Minderheiten (…) zeigt sich immer zugleich das Selbstverständnis einer Gesellschaft im Ganzen.«[1] Wer also über den Anderen spricht, spricht in erster Linie über sich selbst: So wie »der Andere« dazu dient, das »Wir« zu definieren, so sagt der Diskurs über »den Anderen« meist mehr über das »Wir« aus

---

1   Bielefeldt, Heiner: Das Islambild in Deutschland, in: Schneiders, Thorsten Gerald (Hrsg.): Islamfeindlichkeit: Wenn die Grenzen der Kritik verschwimmen, 2., aktualisierte und erweiterte Auflage, Wiesbaden 2010, S. 173-206, hier S. 173.

als über diesen Anderen. Mit der Erfindung der Nation erhielt diese Identitätsbildung eine neue Dimension, identifizieren sich die Bürgerinnen und Bürger doch aufgrund imaginierter oder propagierter Gemeinsamkeiten mit ihrem Gemeinwesen – Volk und Staat.

Im Zeitalter der Globalisierung geht es jedoch nicht mehr nur um innerstaatliche Prozesse: Mit dem Ende der Sowjetunion ist auch die reale oder imaginierte Bedrohung »des Westens« durch staatlich organisierte Akteure weggefallen. Die NATO reagierte hierauf durch die Erweiterung des Sicherheitsbegriffs. Er umgreift auch so diffuse Gefährdungen wie Ökologie und internationale Kriminalität, aber eben auch Migration und internationalen Terrorismus. Das Feindbild Islam geriet so zu einer internationalen wie transnationalen und innergesellschaftlichen Bedrohung. Mit anderen Worten: Der Feind ist allgegenwärtig. Er bedroht »uns« nicht nur von außen, sondern auch im Innern. Der Islam, dargestellt als fremde und aggressive Gesellschaftsordnung, wird zum Feind »unserer« Werte, Gesellschaftsordnung, ja Identität. Berechtigte soziale Ängste werden auf diese »wesensfremde« Bedrohung projiziert – was dazu dient, von den ökonomischen und sozialen Problemen abzulenken. Zugleich aber wird der »Krieg gegen den Terror« genutzt, um in teilweise neuem Gewande imperialistische Ziele zu verfolgen.

Die Konstruktion der Bedrohungen greift zurück auf alte rassistische Vorurteile wie insbesondere den Antisemitismus. Hinter einer heuchlerischen Fassade der Judeophilie und insbesondere des Philozionismus verstecken sich sowohl Teile der nicht verarbeiteten deutschen Geschichte wie tief wurzelnde xenophobe Einstellungen, die bis in die Mitte unserer Gesellschaft reichen. Die alten Klischees werden nun auf die Menschen projiziert, die in den letzten Jahrzehnten nach Europa eingewandert sind. »Der Islam« wird, um die Menschen, die Muslime, nicht nennen zu müssen, zum globalen Feindbild erhoben. Dieses transnationale Feindbild ist auf europäischer Ebene Nährboden für die Entwicklung einer rechtslastigen und rassistischen politischen Bewegung, die Demokratie und Rechtsstaat unter dem Vorwand bekämpft, gerade diese Errungenschaften vor »dem Islam« schützen zu wollen.

Werner Ruf, Edermünde

1. Die Konstruktion kollektiver Identitäten: Wir und die Anderen

Es scheint uns heute selbstverständlich, in der Kategorie der Nation zu denken. Da ist jemand »stolz, Deutscher zu sein«, ein Anderer schämt sich dieser Nationalität ob der im deutschen Namen begangenen Verbrechen. Aber was ist das, Deutscher, Franzose, Araber oder Jude zu sein? Genau hier beginnt die Konstruktion von Identität, die »den Deutschen« und allen Anderen, die sich davon wie und warum auch immer unterscheiden, bestimmte gemeinsame Merkmale zuweist, seien dies Sprache, Religion, Rasse oder eine als gemeinsam und spezifisch empfundene Geschichte. Diese ist jedoch, wie auch immer sie präsentiert wird, ein Konstrukt.[2] Im Zeitalter der Globalisierung erscheinen neue Konstrukte, die das der Nation überwölben: Christentum, Islam, Europa, »der Westen«… Sie kreieren neue Kollektive, die Menschen und Gesellschaften ein- bzw. ausgrenzen. Diese Identitäten und die ihnen zugrunde liegenden Ingredienzien gilt es zu erfassen, wenn sie in ihrer politischen Wirkung und Zielsetzung begriffen werden sollen.

Die Herstellung von Identität bedarf der Abgrenzung des »Wir« von den »Anderen«. Fremdheit speist sich daher aus der Entgegensetzung zum Eigenen, wobei dem Selbst ganz selbstverständlich positive Attribute zugewiesen werden, dem Fremden dagegen negative.[3] So

---

2   Hobsbawm, Eric J.: Nationen und Nationalismus. Mythos und Realität seit 1780, 3. Auflage, Frankfurt a. M. / New York 2005.

3   S. u. a. Rommelspacher, Birgit: Anerkennung und Ausgrenzung. Deutschland als multikulturelle Gesellschaft, Frankfurt a. M./New York, 2002, S. 9-20; Beck, Ulrich: Wie aus Nachbarn Juden werden. Zur politischen Konstruktion des Fremden in der reflexiven Moderne, in: Miller, Max /

benötigt das »Wir« die »Anderen« als Projektionsfläche für die eigene
Identitätsstiftung. Und in diesem wechselseitigen Prozess sagt meist
die Ausmalung des »Anderen«, des »Fremden« mehr über die Be-
findlichkeit des »Wir« aus als über diesen »Anderen«, von dem es sich
abzugrenzen versucht.

Zugleich werden die den Kollektiven zugehörigen Individuen in
ihren grundlegenden Eigenschaften definiert, in essentiellen Charakteristika gleichgesetzt. Dieser Mechanismus führt dazu, dass nicht nur
die Trennlinien zwischen den Kollektiven klar gezogen werden können, sondern auch dass den jeweiligen Mitgliedern der Kollektive –
eben den Völkern oder neuerdings auch den Kulturen – gemeinsame
Eigenschaften und ihr Handeln und ihre Denkweise determinierende
kollektive Verhaltensweisen ebenso wie fundamentale wechselseitige
Loyalitäten unterstellt werden können: Eine solcherart gewissermaßen ontologisch vorgegebene Identität erscheint dann – von innen
wie von außen – als feste und berechenbare Größe.

Schon immer gab es kollektive Identitäten und zugleich ihre Le-
gitimierung und Mobilisierung für politische Zwecke. In unserem
Zusammenhang ist hier vor allem auf die Kreuzzüge zu verweisen
(s. ausführlicher unten), die erstmals einen »Fundamentalgegensatz«
zwischen Abendland und Morgenland, zwischen Christentum und
Islam konstruierten, der bis heute wirkungsmächtig ist. Jedoch: Diese
Dichotomisierung, die stets die Konstruktion kollektiver Identitäten
begleitete, hat mit der Entstehung des bürgerlichen Nationalstaats
eine besondere Qualität erreicht. Im Gegensatz zum Feudalismus be-
kennt sich das Individuum, der Bürger/die Bürgerin, im bürgerlich-
demokratischen Staat freiwillig zu einem bis dahin nicht existenten
Kollektiv, der Nation, jenem abstrakten und zugleich wirkungsmäch-
tigen Konstrukt[4], das gerade mal gut zweihundert Jahre alt ist. Die
Ideale der Französischen Revolution »Freiheit, Gleichheit, Brüder-

---

Soeffner, Hans-Georg (Hrsg.): Modernität und Barbarei, Frankfurt a. M.
1996, S. 318-343; vgl. auch Hobsbawm a. a. O., S. 7.

4   Anderson, Benedict: Die Erfindung der Nation. Zur Karriere eines erfolg-
reichen Konzepts, Frankfurt a. M. 1998.

lichkeit« lieferten die Grundlage für die politische Ordnung moderner Staatlichkeit, der Demokratie, die ja basiert auf der Volkssouveränität. Der Summe des Willens der Bürgerinnen und Bürger.

Die Begrenzung dieser Prinzipien auf die Sphäre des Politischen, insbesondere die Ausgrenzung der Ökonomie als Sphäre des freien Marktes kann hier ebenso wenig behandelt werden wie die unterschiedlichen Ausformungen des Nation-Begriffs in verschiedenen Ländern und Bewegungen nicht nur in Europa und im »Westen«, sondern auch in der vormals so genannten Dritten Welt, wo der Nationalismus der Befreiungsbewegungen durchaus ebenso progressive Elemente enthielt, wie sie den bürgerlichen, antifeudalen und antimonarchischen Bewegungen eigen sind und waren. Insofern ist der Nation-Begriff und der auf ihm basierende Nationalismus ambivalent: Die Errichtung des bürgerlichen Staates, der als neues Identitätskonzept die Nation hervorbrachte, ist eine unbestreitbare Etappe in der Fortschrittsgeschichte der Menschheit: Nicht zuletzt brachte die Französische Revolution die erste Erklärung der Menschenrechte hervor. Zugleich jedoch ist das Konzept der Nation stets auch gekennzeichnet durch Kriterien des Einschlusses und des Ausschlusses, eben durch die Schaffung eines »Wir« und damit verbunden die Schaffung des »Anderen« in Form eines dichotomischen Konstrukts.

Benannt werden müssen deshalb die Elemente oder Grundbausteine dieses »Wir«, die zur Konstruktion des Nation verwendet wurden und werden. Sie liefern zugleich die Kriterien für den Ausschluss der Anderen. Denn einhergehend mit der Befreiung der Menschen aus feudaler Zugehörigkeit und Abhängigkeit musste ein Staatsvolk geschaffen werden, das sich mit der neuen bürgerlichen Gemeinschaft, Volk und Staat, identifizierte. Hierfür boten und bieten sich Kriterien an, die teils imaginierten, teils real bestimmten Gruppen eigen sind. Die wohl wichtigsten sind: Die Ethnie, eine Konstrukt, das auf einer gemeinsamen Abstammung oder Herkunft basiert; die Sprache als einigendes Band eines Kollektivs; die Kultur als Sitten- und Wertegemeinschaft; aber auch das Territorium als gemeinsamer Lebensraum.

Der unterschiedlich starke Bezug auf eines dieser Elemente ist

konstitutiv für kollektives Identitätsverständnis bis in seine juristi-
sche Ausformulierung etwa im Staatsangehörigkeitsrecht: So galt in
Frankreich lange Zeit ausschließlich das *ius solis,* das »Bodenrecht«,
als Definitionsgrundlage für die Staatsangehörigkeit: Franzose ist, wer
auf französischem Boden geboren ist – und sei dies auf Martinique
oder La Réunion. Das deutsche Staatsangehörigkeitsrecht dagegen ist
geprägt durch das *ius sanguinis,* das Bluts- oder Abstammungsrecht:
Deutscher ist, wer von einem deutschen Vater (inzwischen gilt auch
die Mutter) abstammt. Dies ist inzwischen gemildert durch die Op-
tion, die aus der Migration hervorgegangene Menschen in Deutschland haben: Sie erhalten mit Geburt die deutsche Staatsangehörigkeit
und die des Herkunftslandes der Eltern, mit 18 Jahren müssen sie sich
jedoch für eine der beiden entscheiden. Nach wie vor dominiert also
das ethnische Kriterium.

Die Nation basiert also auf der Herstellung und Sicherung kollektiver Identität. Und immer kleiden sich kollektive Identitäten in
moralisierende Gewänder, definieren »gut« und »böse«, »wert« und
»unwert«, schaffen mit der Konstruktion des »Wir« zugleich die Konstruktion des »Anderen«. Latent ist damit im Nation-Begriff auch die
Ausgrenzung, Diskriminierung des Anderen enthalten. Es hilft daher
wenig, dem Begriff der Nation positive Konnotationen zuzuweisen,
dem Begriff des Nationalismus dagegen negative, wie dies die Bundes-
zentrale für politische Bildung versucht:

> »Übersteigertes Bewusstsein vom Wert und der Bedeutung der eige-
> nen Nation. Im Gegensatz zum Nationalbewusstsein und zum Pat-
> riotismus (Vaterlandsliebe) glorifiziert der Nationalismus die eigene
> Nation und setzt andere Nationen herab. Zugleich wird ein Sendungs-
> bewusstsein entwickelt, möglichst die ganze Welt nach den eigenen
> Vorstellungen zu formen.«[5]

Nation und Nationalismus sind untrennbar miteinander verbunden,
latent transportiert jedes Nationalverständnis immer auch nationalisti-
sche Tendenzen im Sinne oben stehender Definition. Dieses Konzept,

---

5   Thurich, Eckart: Pocket Politik. Demokratie in Deutschland, Neuausgabe
     durch die Bundeszentrale für politische Bildung, Bonn 2006.

das einerseits die Demokratie (und die Menschenrechtserklärung) hervorgebracht hat, ist und bleibt janusköpfig, sind doch im Namen der Nation und des Nationalismus die wohl scheußlichsten Massenverbrechen in der Menschheitsgeschichte begangen worden. Sie reichen von der Vernichtung der »Indianer« über den Massenmord an den Armeniern bis zur Monstrosität der industriell organisierten Vernichtung der europäischen Juden bis zum Balkan und den Völkermorden in Afrika.

2. Rasse oder Kultur?

Die mit dem Aufstieg des Bürgertums verbundene Entstehung der Nation wurde begleitet vom Sieg der modernen Wissenschaft, vor allem der Naturwissenschaft über Obskurantismus und Theologie, die als Herrschaftsinstrument des Feudalismus galten. Nirgendwo wird das deutlicher als etwa in den Schriften Auguste Comtes und Henri de Saint-Simons, die die junge Disziplin der Soziologie als Naturwissenschaft verstanden und sie, so zumindest bei Saint-Simon, zugleich zur Herrschaftswissenschaft für eine wissenschaftlich legitimierte Expertokratie machen wollten. Zum ersten Mal in der Geschichte erhoben hier die Väter des Positivismus den wissenschaftlich begründeten Anspruch auf die Definitionsmacht von Politik und Herrschaft im bürgerlichen Staat. Wie aber kann man die Nationen unterscheiden, identifizieren, klassifizieren, und dies möglichst noch mit wissenschaftlichem Anspruch? Hier bot sich die Biologie an, eine Disziplin, die (scheinbar) auf naturwissenschaftlich exakte Methoden verweisen konnte und die Rassenlehre entwickelte: Als erster Vertreter dieser im 19. Jahrhundert so bedeutenden Disziplin definierte und klassifizierte Carl von Linné vier große Menschenarten[6]:

---

6   Zit. n. Poliakov, Léon / Delacampagne, Christian / Girard, Patrick: Über den Rassismus. Sechzehn Kapitel zur Anatomie, Geschichte und Deutung des Rassenwahns, Stuttgart 1979, S. 77.

- »*Europaeus albus*: (...) einfallsreich, erfinderisch (...) weiß, sangui-
nisch (...) Er lässt sich durch Gesetze lenken.
- *Americanus rubescus*: mit seinem Los zufrieden, liebt die Freiheit
(...) gebräunt, jähzornig (...)Er lässt sich durch die Sitte lenken.
- *Asiaticus luridus*: habsüchtig (...) gelblich, melancholisch (...) Er
lässt sich durch die allgemeine Meinung lenken.
- *Afer niger*: verschlagen, faul, nachlässig (...) schwarz, phlegmatisch
(...) Er lässt sich durch die Willkür seiner Herrscher lenken.«

Ganz selbstverständlich kam bei diesen frühen Klassifizierungen heraus, dass die weiße Rasse wie selbstverständlich den anderen Rassen
überlegen ist. In diesem Sinne argumentierte auch der Humanist und
große Aufklärer des 18. Jahrhunderts Voltaire:

> »Die Rasse der Neger ist eine von der unsrigen völlig verschiede-
> ne Menschenart, wie die der Spaniels sich von der der Windhunde
> unterscheidet.«[7]

Offen oder unausgesprochen transportiert die Debatte über das »Wir
und die Anderen« immer auch die Legitimation von Herrschaft: Dies
illustrieren die oben den »Menschenrassen« zugeordneten Eigenschaften, ist doch das Gesetz, das für die weiße Rasse charakteristisch
ist, allen anderen durch ihre Willkürlichkeit ausgezeichneten Herr-
schaftssystemen überlegen. Und wer rassisch und kulturell überlegen ist, hat auch eine Mission. Sie findet sich in der Legitimation
des Imperialismus, dessen moralische Begründung sich geradezu
zwangsläufig aus solchen Klassifizierungen ergibt: Die militärische,
ökonomische und technologische Überlegenheit des Okzidents war
nicht ein Produkt historischer Prozesse, sondern Eigenschaft einer
Rasse. Die behauptete Minderwertigkeit der Schwarzen, der Indios,
der Asiaten und Orientalen wurden zum dichotomisierenden Erklä-
rungsmuster für die Überlegenheit des weißen Mannes, der damit
zugleich seine Berufung zur Dominanz der minderwertigeren und
zivilisatorisch weniger leistungsfähigen »Menschenarten« rechtfertig-

---

7   Zit. n. ebenda.

te. Gerade der Imperialismus kam ja nicht im Gewande dessen einher, was er war: Er proklamierte nicht Herrschaft und Ausbeutung, sondern präsentierte sich als moralische Pflicht: Als zivilisatorische Mission (*mission civilisatrice*) und moralische Last (*the white man's burden*), die der weiße Mann um des Fortschritts der Menschheit willen auf sich zu nehmen hatte. Rassenlehre und Herrschaftsanspruch gingen so eine geradezu perfekte Symbiose ein[8], die bis heute selbst bei sich kritisch verstehenden Sozialwissenschaftlern fortlebt, wenn Autoren wie Reimer Gronemeyer und Claus Leggewie angesichts der Konflikthaftigkeit und des Elends in Afrika den uralten Topos von der in moralische Verantwortung gekleideten Überlegenheit des »zivilisierten« Westens bemühen: »Alle beklagen wieder des weißen Mannes Last. Aber Jammern hilft nicht: Wir sind zur Dominanz verurteilt.«[9]

In diesen Rahmen fügt sich trefflich der seit dem Ende der Bipolarität, mit dem »dem Westen« der Feind und das Feindbild zugleich abhanden gekommen sind, der (re-)aktualisierte Diskurs über den Orient oder »den Islam«. Geradezu prophetisch diagnostizierte der Islamwissenschaftler Reinhard Schulze schon während des 2. Golfkriegs:

> »Folglich bedeutete der Zusammenbruch des Ost-West-Systems 1989/90 einen tiefen Einschnitt in die Selbstlegitimation. Fehlte nun das ›Andere‹ als Projektionsfläche für die faktische Antithese in der eigenen Gesellschaft, drohte ein Defizit, ja eine Lücke in der Beschreibung des ›Wir‹. Der Kuwait-Krieg, der propagandistisch schon seit Ende August 1990 geführt wurde, konnte innerhalb kürzester Zeit diese Lücke wieder schließen. Aus dem Osten wurde der Orient, aus dem Kommunismus der Islam, aus Stalin Saddam Hussein. Die Antithetik, die für den Westen bestimmend ist, wirkte

---

8   S. die schier endlose Zahl der Belege aus den »Wissenschaften« (vor allem der Orientalistik), aber auch aus der Belletristik, die Edward Said zusammengetragen hat: Said, Edward: Orientalism. Western Conceptions of the Orient, London 1978.

9   Gronemeyer, Reimer / Leggewie, Claus: Rituale europäischer Selbstkasteiung, in: Blätter für deutsche und internationale Politik, Heft 1/1992, S. 78-85, hier S. 84 f.

nur noch radikaler. (…) Der Islam wurde als Prinzip des Orients
ausgemacht, als Bewahrheitung des Irrationalen, gegenaufkläreri-
schen Fundamentalismus, als Universalie, die nicht nur Ideologie
ist, sondern allumfassend Gesellschaft, Kultur, Staat und Politik be-
herrschen will. Der Islam wird nun nicht nur als ideologische Antithese begriffen, sondern als gesamtkulturelle Antithese zum Westen
und seiner universalistischen Identität. Der Islam gerät so zur Begründung des Gegen-Westens, zur Gegen-Moderne, ja zur Gegen-
Zivilisation.«[10]

Dieser Diskurs wird vielleicht gerade deshalb so vehement geführt,
weil hier das »Wir« von einem »Anderen« abgegrenzt werden muss,
dessen zivilisatorische Leistungen vor nicht allzu langer Zeit dem
Westen weit überlegen waren, ja weil gerade d i e s e r »Andere« unserem »Wir« historisch, religiös und kulturell besonders nahe steht.[11]
Am Anfang der Argumentation stand noch der biologistisch-rassis-
tische Topos, wie er von einem der Ahnväter des Orientalismus, Ernest Renan, 1883 in seiner »Vorlesung über die semitischen Völker«
initiiert wurde, der den Semiten, also den Orientalen, i. e. in erster
Linie den Arabern, aber auch den Juden, die Unfähigkeit zu wissenschaftlichen und künstlerischen Leistungen bescheinigte wegen

»(…) der schrecklichen Schlichtheit des semitischen Geistes, die den
menschlichen Verstand jeder subtilen Vorstellung, jedem feinsinnigen
Gefühl, jedem rationalen Forschen unzugänglich macht, um ihm die
immer gleiche Tautologie ›Gott ist Gott‹ entgegenzuhalten«.[12]

---

10   Schulze, Reinhard: Vom Antikommunismus zum Antiislamismus. Der Ku-
      wait-Krieg als Fortschreibung des Ost-West-Konflikts, in: Peripherie Nr.
      41/1991, S. 5-12, hier S. 7.

11   Es geht hier nicht nur um den verweis darauf, dass in der Dogmatik der ein-
      zige wesentliche Unterschied zwischen beiden Religionen die Trinitätslehre
      ist. Vielmehr geht es um die Jahrhunderte langen intensiven kulturellen,
      politischen und wissenschaftlichen Beziehungen, ohne die die Wiederent-
      deckung der griechischen Philosophie, Renaissance und Aufklärung eben-
      so wenig möglich gewesen wären wie die Revolutionierung der Seefahrt
      und der Naturwissenschaften.

12   Ernest Renan: De la part des peuples sémitiques dans l'histoire de la civili-
      sation, in: Oeuvres complètes, Bd. 2, Paris 1948, S. 333; s. auch die Debatte
      über Renan bei Said, a. a. O., S. 149 ff.

Kein geringerer als Max Weber hat dieses Bild, kulturalistisch gewendet, für die westliche Soziologie – und für das westliche Selbstverständnis – ausgemalt: Der Orient, gekennzeichnet durch Stagnation, Despotie, Fatalismus und Mangel an Rationalität konnte weder den Kapitalismus hervorbringen, noch die Demokratie entwickeln.[13] Die alten Topoi des biologischen Rassismus, der durch die Nazis gründlich desavouiert wurde, stehen in kulturalistischem Gewande wieder auf: Ohne Untermenschen kann es keine Herrenmenschen geben. Aziz el Azmeh, Islamwissenschaftler an der Universität Exeter, bringt dies auf den Punkt:

»Der Vernunft entsprach enthusiastische Unvernunft, politisch übersetzt als Fanatismus, eines der Hauptanliegen der Wissenschaftler und Kolonialisten des 19. Jahrhunderts wie der zeitgenössischen Fernsehkommentatoren. Dieser Begriff liefert eine Erklärung für den politischen und sozialen Antagonismus zu kolonialer und nachkolonialer Herrschaft, indem politische und soziale Bewegungen auf Beweggründe reduziert werden, die Menschen mit Tieren gemeinsam haben (...) Die Zivilgesellschaft, der Ort, an dem individuelle Bedürfnisse rational koordiniert werden, und welche den Staat hervorbringt, ist undenkbar. (...) Islam, als Anomalie (...) wird als Anachronismus betrachtet, seine Charakteristika – Despotismus, Un-Vernunft, Glauben, Stagnation, Mittelaltertum – gehören zu Stadien der Geschichte, deren Inferiorität eine zeitliche Dimension erhält (...) Niedergang wird so nicht zu einem Tatbestand historischer Prozesse, sondern ein vorhersagbares Ereignis der metaphysischen Ordnung. (...) Die Antithese von Normalität und Natürlichkeit ist Anomalie und Widernatürlichkeit.«[14]

Seine politische Aktualisierung erfuhr das alt-neue Feindbild Islam unmittelbar nach Ende des Kalten Krieges durch einen Aufsatz des prominenten Orientalisten Bernhard Lewis in der auf Sicherheitsfra-

---

13   Weber, Max: Gesammelte Aufsätze zur Religionssoziologie I, Tübingen 1963. Auch Marx folgte diesem »developmentalistischen« Diskurs, wenn er von der »doppelten Mission« Englands in Indien sprach, die in der asiatischen Gesellschaft erst die materiellen Grundlagen für einen westlichen Gesellschaftstyp lege (vgl. Said, a.a.O., S. 153 ff).

14   Al-Azmeh, Aziz: Islams and Modernities, London 1993, S. 130-133, Übersetzung aus dem Englischen W.R.

gen spezialisierten Zeitschrift The Atlantic.[15] Dort sprach er von einem *Clash of Civilizations,* »der historischen Reaktion eines alten Rivalen unseres christlich-jüdischen Erbes, unserer säkularen Gegenwart und der weltweiten Expansion beider.« Den Durchbruch in der sicherheitspolitischen Debatte brachte jedoch der 1993 in Foreign Affairs erschienene Aufsatz von Samuel P. Huntington *The Clash of Civilizations?*[16], wo Huntington apodiktisch feststellte:

> »Unterschiede zwischen Zivilisationen sind nicht nur real; sie sind grundlegend. (...) Sie sind viel fundamentaler als die Unterschiede zwischen politischen Ideologien und politischen Regimen. Unterschiede meinen nicht notwendigerweise Konflikt, und Konflikt meint nicht notwendigerweise Gewalt. Aber über die Jahrhunderte hinweg haben die Konflikte zwischen den Kulturen die längsten und gewalttätigsten Konflikte erzeugt.«

Er geht in seinem globalen Konfliktmodell von der durchaus richtigen und zeitgemäßen Annahme aus, dass die Konflikte in einer globalisierten Welt nicht mehr (nur) die klassischen zwischenstaatlichen Konflikte sein werden, wie sie charakteristisch waren für die Epoche zwischen dem Westfälischen Frieden und dem Ende des Ost-West-Konflikts. Sein neues Konfliktmodell ist der »Kampf der Kulturen«, der transnational konzipiert durchaus ein Charakteristikum der Moderne erfasst, aber insofern abstrakt und unhistorisch ist, als er die Kulturen als das prägende Konfliktmuster der letzten anderthalb tausend Jahre bezeichnet: Für den bevorstehenden Kampf der Kulturen als dominierendes Konfliktmodell wählt er als Metapher die seismischen Platten der Erdoberfläche, an deren Verwerfungslinien (*fault lines*) Spannungen herrschen, die sich in katastrophenartigen Erschütterungen – Erdbeben – entladen. Die Wahl dieser Metapher ist signifikant, suggeriert sie doch das geradezu schicksalhafte Eintreten

---

15 Lewis, Bernhard: The Roots of Muslim Rage (die Wurzeln muslimischer Wut), September 1990, unter http://www.theatlantic.com/magazine/archive /1990/09/the-roots-of-muslim-rage/4643/ [zuletzt eingesehen am 12. Oktober 2002].

16 Huntington, Samuel P.: The Clash of Civilizations?, in: Foreign Affairs, Summer 1993, S. 22-49, hier S. 25.

solcher Katastrophen, die rationalem menschlichem, d. h. politischem Handeln entzogen sind, gegen die also auch Konfliktprävention unmöglich ist.

»›Kultur‹ wird hier zum »Trenn-Begriff für Eigenes und Fremdes, (...) Konstrukt der Ein- und Ausschließung, (...) Signal für unüberwindbare Grenzen, (...) Abwehr-Terminus für bedrohlich Fremdes.«[17] Warum aber sind Kulturen jene neuen, ultimativen und unüberwindbaren Grenzen, die geradezu ontologisch festgelegt zu sein scheinen?[18] Die willkürliche und ahistorische Setzung, dass Kulturen die determinierenden makropolitischen Konfliktstrukturen sind (und waren), ermöglicht es Huntington, auf jede empirische Überprüfung seiner These zu verzichten und sein bis zur Geschichtsklitterung getriebenes simplifiziertes Paradigma in geradezu fundamentalistischer Weise zu verabsolutieren.[19]

---

17 Geiger, Klaus F.: Vorsicht: Kultur. Stichworte zu kommunizierenden Debatten, in: Das Argument, Nr. 224/1998, S. 81-90, hier S. 84.

18 Aus der Fülle der Huntington kritisierenden Literatur siehe unter friedensforscherischer Perspektive vor allem Butterwegge, Christoph: Friedenskultur statt Kulturkampf, in: Jung, Eckhard / Vogt, Wolfgang (Hrsg.): Kultur des Friedens, Darmstadt 1997, S. 88-93; Büttner, Friedemann: Der fundamentalistische Impuls und die Herausforderung der Moderne, in: Leviathan, Heft 4/1996, S. 469-492; Menzel, Ulrich: Kulturen und Strukturen im Internationalen System – oder: bilden sich neue Feindbilder heraus?, in: Calließ, Jörg (Hrsg.): Der Konflikt der Kulturen und der Friede in der Welt, Loccum 1996, S. 139-156; Paech, Norman: Krieg der Zivilisationen oder dritte Dekolonisation, in: Blätter für deutsche und internationale Politik, Heft 3/1994, S. 310-321; Ruf, Werner (Hrsg.): Islam and the West. Judgements, Prejudices, Political Perspectives, Münster 2002; Ders.: Feindbildproduktion nach dem Ende des Ost-West-Konflikts, in: Jung, Eckhard / Vogt, Wolfgang (Hrsg.): Kultur des Friedens, Darmstadt 1997, S. 94-104; Senghaas, Dieter: Die fixe Idee vom Kampf der Kulturen, in: Blätter für deutsche und internationale Politik, Heft 2/1997, S. 215-221; Ders.: Schluss mit der Fundamentalismusdebatte! Plädoyer für eine Reorientierung des interkulturellen Dialogs, in: Blätter für deutsche und internationale Politik, Heft 2/1995, S. 180-191.

19 Unter Verweis auf andere Autoren stellt Huntington fest: »Um als Paradigma angenommen zu werden, muss eine Theorie besser erscheinen als die mit ihr im Wettstreit liegenden, sie braucht aber nicht – und tut es tatsächlich auch niemals – alle Tatsachen, mit denen sie konfrontiert ist, zu

In seinem zweiten diesem Thema gewidmeten Aufsatz *The West Unique, not Universal,* der den Herrschaftsanspruch »des Westens« kulturalistisch abzusichern versucht, vertritt Huntington die These, dass die westliche Kultur einzigartig ist, weil nur sie das Erbe der griechischen Philosophie rezipiert habe, weil sie geprägt sei vom Christentum, weil die europäische Sprachenvielfalt ein Unikat darstelle gegenüber den übrigen Kulturen, weil es nur dem Westen gelungen sei, geistliche und weltliche Autorität zu trennen, weil nur im Westen Rechtsstaatlichkeit herrsche, weil es nur dort sozialen Pluralismus und Zivilgesellschaft, repräsentativ gewählte Körperschaften und Individualismus gäbe.[20] Demgegenüber gibt es im Islam nur den Koran und die *shari'a*[21] – Renan lässt grüßen! Somit liegt der Schluss auf der Hand: All diese Eigenarten »machen die westliche Kultur einzigartig, und die westliche Kultur ist wertvoll, nicht weil sie universell ist, sondern weil sie einzigartig ist.«[22]

Apodiktisch wird festgestellt, dass es eine gefährliche Illusion »des Westens« sei zu glauben, dass seine universellen Werte wie individuelle Menschenrechte, Demokratie und Rechtsstaatlichkeit, rationales Denken und zivilgesellschaftliche Formen der Konfliktlösung auf andere Kulturen übertragbar wären. Daher muss »der Westen« aufhören, seine kulturellen Werte exportieren zu wollen, muss aufhören, an deren allgemeine und weltweite Generalisierbarkeit zu glauben. Anderen Kulturen eignen diese Werte nicht. Sie waren und sind unfähig, diese zu entwickeln oder zu adaptieren. Hierauf basiert die geradezu schicksalhafte Distanz zwischen »dem Westen« und »dem

---

erklären. (…) Um sich in unvertrautem Gelände zurechtzufinden, braucht man in der Regel irgendeine Art von Landkarte. Die Kartographie ist, wie die Kognition selbst, eine notwendige Vereinfachung, die uns erlaubt festzustellen, wo wir sind und wohin wir uns wenden.«, Huntington, Samuel P.: Kampf der Kulturen. Die Neugestaltung der Weltpolitik im 21. Jahrhundert, München/Wien 1996, S. 29.

20 Huntington Samuel P.: The West Unique, not universal, in: Foreign Affairs, Nov./Dec. 1996, S. 28-49, hier S. 30-33.

21 Huntington, The West, a.a.O., S. 34.

22 Huntington, The West, a.a.O., S. 35.

Rest«.[23] Dies ist letztlich nichts Anderes als kulturalistisch verbrämter Rassismus. Und es geht darum, nicht nur die vielerorts geschmähten »Fundamentalisten« zum Feindbild zu erheben, sondern, wie Büttner treffend feststellt, die Angehörigen der nicht-westlichen Kulturen schlechthin als »(...) den Herausforderungen der Moderne psychisch – und wohl auch intellektuell – nicht gewachsen« darzustellen.[24]

3. Der »Krieg gegen den Terror« als gegenzivilisatorisches Projekt

Eine entscheidende Verschärfung erfuhr der seit Ende der Bipolarität aktualisierte Diskurs über »den Islam« in der Folge der Anschläge des 11. September 2001 mit den Begründungen für den »Krieg gegen den Terrorismus«, vor allem aber durch die Art der Kriegführung in Afghanistan und im Irak Hier zeigt sich der ungeheure Kontrast, der besteht zwischen der Ausmalung dieses neu-alten Feindbildes und den zivilisatorischen Errungenschaften, die nach dem Zweiten Weltkrieg als Normen festgeschrieben wurden. Exemplarisch sei hier nur verwiesen auf die Erklärung der universellen Menschenrechte der Vereinten Nationen vom 10. Dezember 1948, die weltweit rechtsverbindlicher Standard geworden ist[25]: »Alle Menschen sind frei und gleich an Würde und Rechten geboren« (Art. 1), jeder Mensch hat »das Recht auf Leben, Freiheit und Sicherheit der Person« (Art. 3),

---

23 Unbestreitbar ist, dass die islamische, vor allem aber die arabische Welt in einer tiefen Krisenhaftigkeit steckt. Diese ist aber keineswegs »kultureller« Natur, sondern hat handfeste ökonomische, soziale und nicht zuletzt politische Gründe. Vgl. Ruf, Werner: Demokratie in der arabischen Welt – ein Widerspruch in sich selbst?, in: Entwicklung und Zusammenarbeit, Nr. 9/1998, S. 228-231; vgl. auch unten Anm. 43.

24 Büttner, Friedemann: Der fundamentalistische Impuls und die Herausforderung der Moderne, in: Leviathan, Heft 4/1996, S. 469-492.

25 Art. 1 Allgemeine Erklärung der Menschenrechte vom 10. Dez. 1948. In diesen unmittelbaren Kontext gehören außerdem die Genfer Konventionen, das Statut des internationalen Strafgerichtshofs u. v. a. mehr.

und: »Weiter darf keine Unterscheidung gemacht werden auf Grund der politischen, rechtlichen oder internationalen Stellung des Landes oder Gebietes, dem eine Person angehört (…)« (Art. 2, Abs. 2).[26] Der Widerspruch zwischen diesen allgemeinen und weltweit bindenden Prinzipien und der asymmetrischen Wirklichkeit in der Weltgesellschaft könnte krasser nicht sein.

Angesichts der durch die Globalisierung verursachten Verunsicherungen und – berechtigten – Ängste scheint Nationalismus, aus welchen Versatzstücken er auch immer bestehen mag, am Ende des 20 Jahrhunderts wieder zum zentralen Referenzsystem zu werden. Sein Charakteristikum ist, dass er »im wesentlichen negativ« ist, auf »ethnische Zugehörigkeit, sprachliche Unterschiede, zum Teil mit Religion verbunden«, pocht.[27] Zu Recht kann diese Spätform des Nationalismus in der Tat fundamentalistisch genannt werden, stammen doch die *fundamentals*, auf die er verweist »stets aus einer früheren, angeblich ursprünglich und reinen (…) Periode«.[28] Nationalismus, in dessen Namen bereits die fürchterlichsten Verbrechen der Menschheitsgeschichte vollbracht wurden, muss daher verstanden werden nicht nur als negativ sondern als profund reaktionäres Identifikationskonzept. Damit der Nationalismus seine Wirkungsmächtigkeit entfalten kann, bedarf es des äußeren Feindes, der zur lebensbedrohenden Gefahr für das Wir hochstilisiert wird. Statt die Komplexität der Globalisierung rational zu erklären und Gegenstrategien für ihre pauschal als »Modernisierungsverlierer« abqualifizierten Opfer zu entwickeln, wird ein äußerer Feind ethnischer oder kultureller Natur konstruiert. Gerade im Zeitalter der Globalisierung ist es grotesk, wenn der Internationalisierung des Kapitals die Ethnisierung und damit letztlich die Fragmentierung der Gesellschaft als Gegenstrategie entgegengesetzt wird.

---

26 Wichtig zu erinnern ist in diesem Zusammenhang, dass, entgegen dem Drängen der Sowjetunion, materielle Menschenrechte in dieser Erklärung nicht festgeschrieben wurden.

27 Hobsbawm, a. a. O., S. 194.

28 Marty M. E.: Fundamentalism as a social phenomenon. Bulletin, The American Academy of Arts and Social Sciences, 42,2, 1988, S. 15-19, zit. n. Hobsbawm, a. a. O., S. 198.

Genau dies gelang mit der Erfindung des »Kampfes der Kulturen«, in dem »der Islam« stellvertretend für die Bedrohung durch »die Anderen« aus der vormaligen Dritten Welt zu stehen scheint.[29] »Dem Westen«, der mit 12 % der Weltbevölkerung über 80 % der globalen Ressourcen verbraucht, steht »der Rest« (Huntington) der Menschen auf dem Planeten unversöhnlich gegenüber. Genau dies dürfte der Grund sein, warum die großartigen Errungenschaften des Westens, Menschenrechte, Demokratie, Rechtsstaatlichkeit, für diesen Rest nicht gelten dürfen. Damit dies funktionieren kann, muss aber dieser Rest entmenschlicht werden.[30] Es genügt, ein wenig die einschlägige Metaphorik zu betrachten, die sich der Metaphorik der Moral und der Naturkatastrophen bedient, um »Gefahren« zu pauschalisieren und die Menschen zu anonymen Partikeln dieser Gefahren zu machen: Da kämpfen »wir« gegen »das Böse«, gegen »das Reich des Bösen«, gegen »Terroristen«[31], gegen »Schurkenstaaten«, in denen ja Schurken leben oder zumindest über Demokratieunfähige herrschen müssen. Da bedrohen uns »Migrationsströme« oder »-fluten«, die an »unseren Grenzen« »anbranden«, Palästinenser werden von israelischen Politikern als »zweibeinige Tiere« (Begin) bezeichnet, und der damalige französische Innenminister und heutige Präsident Nicolas Sarkozy wollte die Pariser Vorstädte mit dem Hochdruckreiniger von »Gesindel« (*racaille*) säubern.

Schlimmer noch in den USA, wo Verdächtige ohne jedes Rechtsmittel nunmehr lebenslang in Haft gehalten werden können; wo

---

29   Nicht zufällig spricht Huntington in seinem Clash of Civilizations von der »islamisch-konfuzianischen Verbindung«. Ruf, Werner: Politischer Islam – eine neue Befreiungsideologie?, in: Österreichische Stiftung für Frieden und Konfliktlösung (Hrsg.): Der Krieg der Armen?, Münster 2005, S. 107-120.

30   Vgl. Hund, Wulf D.: Vergesellschaftung durch Entmenschlichung, in: Z. Zeitschrift marxistische Erneuerung, Nr. 63, Sept. 2005, S. 157-169, insbes. S. 163f.

31   S. den vom Generalsekretär der Vereinten Nationen in Auftrag gegebenen Bericht des High Level Panels on Threats, Challenges and Change. vom 2.12.2004. Ziff. 164. A/59/565 O2-12-04, unter: http://www.un.org/secureworld/ [14.01.07].

der Begriff des »feindlichen Kämpfers« erfunden wurde, um einer
unbekannten, aber großen Zahl von Menschen ihre Rechte zu ver-
weigern, die ihnen laut Völkerrecht zustehen; wo Gefangene an Fol-
terstaaten wie Syrien, Jordanien, Ägypten, Algerien oder Marokko
überstellt wurden, weil deren Foltermethoden effizienter seien; wo
unbekannte Gefangene auf Schiffen oder in Gefängnissen anderer
Länder festgehalten und misshandelt oder wie Waren von einem
(Folter-)Ort zum anderen transportiert werden. Immer geht es um
»islamistische Terroristen«, Muslime also, die gezielt gedemütigt
werden, etwa indem ihre Heilige Schrift, der Koran, zerrissen oder
besudelt wird.

Indem Menschen zu Fanatikern und Terroristen umdefiniert,
also der menschlichen Eigenschaften von Humanität und Rationalität und damit ihrer Menschenwürde entkleidet werden, können für
sie die zivilisatorischen Werte des Westens und der Humanität auch
nicht mehr gelten. Dann sind alle Mittel legitim: Die Kriegführung
mit Massenvernichtungsmitteln wie weißem Phosphor[32], mit Bom-
ben, die großflächig den Sauerstoff vernichten und alles Leben in
ihrem Wirkungskreis ersticken, mit angereichertem Uran, der neuen
Massenvernichtungswaffe[33], und schließlich die Entmenschlichung
des Anderen durch bestialische Folter und sexuelle Erniedrigung, die
speziell auf kulturelle und/oder religiöse Tabus ausgerichtet sind.[34]

---

32   S. hierzu den Film des italienischen Fernsehsenders RAI, unter: http://
     www.informationclearinghouse.info/article10907.htm [26.02.07].

33   Cunningham, Francis Xavier: Depleted Uranium Munitions: A New
     WMD, in: Foreign Service Journal, Vol. 82, May 2005, S. 70-74.

34   Als besonders abartige Formen sind hier zu nennen die aufgrund anthro-
     pologischen Wissens eingesetzten kulturspezifischen Formen der Demüti-
     gung etwa durch Schändung von Exemplaren des Koran, Wärter, die auf
     das Buch urinierten, das Betrachten pornografischer Filme unter Zwang,
     sexuelle Stimulation durch Frauen, Androhung von Vergewaltigung durch
     Mithäftlinge, Beschmieren mit Menstruationsblut, die Weigerung, ihnen
     Wasser zum Waschen zur Verfügung zu stellen und sie dann zu verhöh-
     nen, dass sie in diesem Zustand nicht beten können. S. Berichte aus Gu-
     natanamo wie z. B. den von Benyam Mohammed: »Benyam Mohammed,
     he said, a British resident, had been tortured for eighteen months. ›They

Auch in diesem Kontext von Gewalt, Demütigung und Hass funktioniert die Dialektik des »Wir und die Anderen«: Extreme Vertreter des Politischen Islam beanspruchen, für »den Islam« schlechthin zu sprechen, und vermengen ihre Botschaft mit alten anti-imperialistischen Forderungen, wie etwa Ayman al-Zawahiri, der damals als Nr. 2 des Netzwerks *al qa'eda* galt und nach der Ermordung Usama Bin Ladens zu deren neuem Führer aufgestiegen sein soll: In einem zum 2. Jahrestag des 11. September 2001 vom Sender *al-jazeera* ausgestrahlten Tonband sagte er:

> »Der zweite Jahrestag der Angriffe auf New York und Washington ist nun auf uns zugekommen. Er erinnert uns an das Opfer unserer heldenhaften 19 Brüder, die mit ihrem Blut eine neue Seite der amerikanischen Geschichte aufgeschlagen haben, eine Absage der Moslems an Amerikas Arroganz und Tyrannei, ein Ausdruck ihres Stolzes auf ihre Religion, ihren Glauben und ihre Würde und ihre Entschlossenheit, die Moslems und die Unterdrückten der Menschheit zu rächen. (…)
>
> An diesem zweiten Jahrestag wollen wir uns an die Menschen in den am Kreuzzug teilnehmenden Staaten wenden, um ihnen Folgendes zu sagen: Wir sind keine Verfechter von Töten und Zerstörung. Mit Hilfe Gottes aber werden wir jede Hand abschlagen, die sich in feindlicher Absicht nach uns streckt. Wir sagen Euch: (…) Hört auf mit Euren Angriffen auf die Menschen und das Eigentum der Unterdrückten. Genug des Handelns mit Slogans von »Freiheit und Gerechtigkeit« und »Menschenrechten«! Wir rufen Euch zum Islam, der Religion der Einheit Gottes; der Gerechtigkeit, der Mäßigung, der Reinheit und der Macht. Wenn Ihr den Islam zurückweist, haltet wenigstens ein in Eurer Feindseligkeit gegen unsere islamische Weltgemeinschaft. Über Jahrzehnte habt Ihr unsere Frauen und Kinder getötet, unseren Wohlstand gestohlen und Tyrannen unterstützt, die unsere Gemeinschaft brutal beherrschen. (…)«[35]

---

stripped him one day and cut his penis repeatedly with razor-blades. They did it every day until he signed anything they put in front of him.'«, unter: (http://www.opendemocracy.net/conflict-terrorism/guantanamo_3044. jsp) [25.11.05]; vgl. auch: Maureen Dowd: Torture Chicks Gone Wild. The New York Times OPINION, 30. Januar 2005; vgl. auch Der Stern, Nr. 50, 8. Dez. 2005, S. 78; Lazreg, Marnia: Torture in the Twilight of Empire, Princeton University Press, 2008.

35 http://www.jihadunspun.com/home.php [22.12.03].

4. Was aber ist »der Islam«?

Es kann im Folgenden nicht um eine theologische Debatte gehen. Dies nicht nur, weil diese Disziplin dem Verfasser fremd ist: Eine theologische Debatte würde genau in jene Sackgasse führen, in der sich »der Islam« viel mehr noch als das Christentum befindet.

Eine theologische Debatte führt notwendigerweise immer zur grundlegenden Frage des Umgangs mit den Texten, deren Bewertung und angenommenen Relevanz. Doch »der Islam« ist weit davon entfernt, eine einheitliche Religion zu sein, vielleicht noch mehr als es das Christentum ist mit seinen katholischen, evangelischen, orthodoxen, koptischen und den zahlreichen Nahöstlichen Kirchen, seinen evangelikalen Sekten etc. Die ernsthafte Behandlung dieser Frage würde also zwangsläufig auch in eine Auseinandersetzung mit den beiden großen Glaubensrichtungen des Islam, Sunna und Schi'a, führen wie zur Behandlung der vier großen Rechtsschulen des Islam und den unzähligen Formen des Volksislam, die sich vom subsaharischen Afrika über den Vorderen Orient, den zentralasiatischen Raum bis in die Südsee ziehen.

Statt der vielfach konstruierten Unversöhnlichkeit der Religionen, insbesondere des Islam und des Christentums, sieht die geschichtliche Wirklichkeit anders aus: Im Islam generell, aber auch im eigenen Selbstverständnis ist Mohamed der letzte in der Reihe der großen Propheten von Abraham (Ibrahim) über Moses (Mussa) bis zu Jesus (Issa). Die jüdische Tora und das christliche Evangelium sind Teil der islamischen Offenbarung.[36] Deshalb gebietet der Islam auch den Respekt vor den Anhängern der monotheistischen Buchreligionen, Juden und Christen, die in der muslimischen Gemeinschaft als schutzwürdig galten und juristisch einem besonderen Statut unterstanden (*dhimmi*): Sie zahlten höhere Steuern und waren vom Wehrdienst ausgeschlossen. Diese Sonderstellung schlägt sich auch in der Religionsgeogra-

---

36 Naumann, Thomas: Feindbild Islam – Historische und theologische Gründe einer europäischen Angst, in: Schneiders (Hrsg.), a. a. O., S. 19-36, hier S. 25.

phie des Nahen Ostens nieder, wo bis heute jüdische und christliche Gemeinschaften in bunter Vielzahl koexistieren – allein die Juden gerieten nach der Staatsgründung Israels in vielen Ländern unter Druck, viele emigrierten nach Israel.

Eine strukturell angelegte Konkurrenz zwischen Islam und Christentum resultiert daraus, dass beide (im Gegensatz zum Judentum) missionarische Religionen also Heilslehren für alle Menschen sind. Der entscheidende dogmatische Unterschied zwischen beiden Religionen ist der strenge Monotheismus des Islam (und auch des Judentums) gegenüber der Trinitätslehre des Christentums, die in Gott drei Personen sieht, was für Muslime (und Juden) inakzeptabel ist.

Und dann ist da die *shari'a*, dieses Schreckgespenst, das im Westen immer wieder beschworen wird als grausam finsteres Strafgesetz mit fürchterlichen Körperstrafen, bisweilen assoziiert mit Zwangsheirat und Ehrenmord. Da wird in der islamfeindlichen Propaganda nicht nur nicht unterschieden zwischen den unterschiedlichen Rechtsschulen und Rechtsauffassungen, zwischen Gebräuchen unterschiedlicher Varianten des Volksislam, es wird vor allem bewusst verschleiert, dass der größte Teil der *shari'a* aus Vorschriften und Orientierungshilfen für das muslimische Individuum besteht, die ihm helfen sollen, ein gottgefälliges Leben zu führen.[37]

> »Für die Übertretung dieser Vorschriften sind keine irdischen Sanktionen vorgesehen, sondern allenfalls Höllenstrafen angedroht. Mit der Durchsetzung dieses Teils der *shari'a* hatte auch in vormoderner Zeit der Staat nichts zu tun. Dem oblag vielmehr die Verfolgung von »Offizialdelikten« wie den *Hudud*, den koranischen Strafen. Von deren Verhängung waren aber die islamischen Staaten sehr früh abgekommen. Sehr selten in der islamischen Geschichte sind Dieben die Hände abgeschnitten worden, wie es die koranische Vorschrift will; und noch weit seltener sind Ehebrecher oder Ehebrecherinnen gesteinigt worden. Der Staat setzte religiöse Bestimmungen nur selektiv

---

37   Eine sehr gründliche und differenzierte Arbeit liefert Lohlker, Rüdiger: Das islamische Recht im Wandel, Münster 1999. S. auch Flores, Alexander: Der Islam – Korsett oder weiter Mantel?, in: Neue Zürcher Zeitung, 10. Dez. 2011, unter: http://www.nzz.ch/nachrichten/kultur/literatur_und_kunst/der_islam__korsett_oder_weiter_mantel_1.13583558.html [22.12.11].

und nach eigenem Gutdünken um. Das Bild von einem islamischen
Staat, der konsequent die Scharia umsetzte, um die Untertanen in ihr
Seelenheil zu peitschen, ist also falsch.«[38]

Gerade die Ableitung von Rechtsvorschriften aus der Schrift und den
Hadith (Taten und Aussprüche des Propheten) führte zu einer großen
Bandbreite von Meinungen und Vorschriften und »war flexibel, plu-
ralitätsfreundlich und ambiguitätstolerant«.[39] In der öffentlichen Debatte im Westen wird die *shari'a* ausschließlich auf jene Körperstrafen
(*hudud*) reduziert. Unerwähnt bleibt dabei, dass sie nicht nur einen
winzigen Bruchteil der *shari'a* ausmachen, sondern auch, dass sie –
außer im befreundeten Saudi-Arabien und im Iran – nirgendwo mehr
praktiziert werden.

Ohne hier weiter auf die Geschichte und das Verhältnis der beiden Religionen einzugehen, ist hier ein Blick auf den Begriff des Fundamentalismus[40] und seine Entwicklung im Islam zu richten. Dieser
Begriff, erfunden zu Ende des 19. Jahrhunderts von evangelikalen
Christen in den USA, meint nicht mehr und nicht weniger als die
konsequente Rückkehr zur buchstabengetreuen Befolgung der Offenbarung, in diesem Falle der Bibel und dort gerade auch des alten Tes-
taments, als Grundlage für religiöses und allgemein gesellschaftliches
Verhalten: Ein besonders markantes Beispiel ist die Glaubensgemein-
schaft der *Amish* in den USA, die nach strengen Geschlechterrollen leben und sogar den Gebrauch von Motoren ablehnen. Streng verboten
sind der Unterricht der Biologie, vor allem der Sexualkunde und die
Evolutionstheorie. Für Fundamentalisten gleich welcher Glaubensrichtung, christlich oder muslimisch, sind alle Bereiche des Lebens
durch Gottes Wort für immer und alle Zeiten unverrückbar geregelt.
Dass auch dies in der Wirklichkeit letztlich immer eine Frage der Auslegung ist, beweist allein die Vielzahl der sich *fundamentalists* nennenden unterschiedlichen Gruppierungen und Sekten.

---

38   A.a.O.

39   A.a.O.

40   Vgl. auch Büttner, Friedemann: Der fundamentalistische Impuls und die
     Herausforderung der Moderne, in: Leviathan, Heft 4/1996, S. 469-492.

Eine fundamentalistische Strömung gab es auch im Islam, und zwar schon seit dem Hochmittelalter. Ob sie das »Tor des ijtihad«, der zeitgemäßen Auslegung der Quellen des Islam und ihrer Interpretation im jeweiligen gesellschaftlichen Kontext, definitiv schloss oder nicht, ist unter Islamwissenschaftlern strittig.[41] Diese Entwicklung setzte dem »arabischen Rationalismus« ein Ende, der die Hochblüte der islamischen Philosophie begründete und mit Denkern wie Ibn Sina (Avicenna) oder Ibn Ruschd (Averroes) das staatstheoretische Denken in Westeuropa befruchtete. Erst durch die arabischen Philosophen entdeckte »das Abendland« die griechischen Philosophen wieder.[42] Die dieser Philosophie zugrunde liegenden humanistischen Annahmen und Deutungen des Islam beeinflussten in hohem Maße auch die europäische mittelalterliche Philosophie, ohne ihren Einfluss ließen sich Renaissance und Aufklärung kaum erklären.[43]

Im anglophonen und deutschsprachigen Raum ist der Begriff »islamischer Fundamentalismus« zur gängigen Kurzformel für das hier zu behandelnde Phänomen geworden. Im französischsprachigen Raum wird stattdessen eher der Begriff »Integrismus« verwendet. Mit »intégristes« wurden und werden im frankophonen Raum ultraorthodoxe Tendenzen des Katholizismus bezeichnet. Beide Begriffe sind also aus dem westlichen Sprachgebrauch entlehnte Fremdbezeichnungen, die inzwischen pauschal auf unterschiedlichste ideologische Strömungen im islamischen Raum der Gegenwart projiziert werden. Für die Muslime selbst haben sie abwertenden Charakter.[44] Im Folgenden wird

---

41 Hartmann, Angelika: »Der islamische ›Fundamentalismus‹. Wahrnehmung und Realität einer neuen Entwicklung im Islam«, in: Aus Politik und Zeitgeschichte, Beilage zur Wochenzeitung Das Parlament, B 28/97, 4. Juli 1997, S. 3-13. Zur Gegenposition s. Flores, a. a. O.

42 Naumann, a. a. O., S. 19-36.

43 Turki, Mohamed: Humanismus und Interkulturalität. Ansätze zu einer Neubetrachtung des Menschen im Zeitalter der Globalisierung, Leipzig 2010. In diesen Kontext gehören auch die vor kurzem verstorbenen zeitgenössischen Philosophen Mohamed Arkoun und Mohamed abdel Jabiri.

44 Siehe hierzu Hartmann, a. a. O.; sowie Heine, Peter: Fundamentalisten und Islamisten, in: Aus Politik und Zeitgeschichte, Beilage zur Wochenzeitung Das Parlament, B 33/92, 7. August 1992, S. 23-30.

daher der Begriff Islamisten mit seinen Derivaten Islamismus und isla-
mistisch verwendet, der von der Selbstbezeichnung der Gruppierungen (*islamiyun*) ausgeht.

Zwei Feststellungen sind wichtig: Zum einen ist Fundamentalismus eine Geisteshaltung. Auf den religiösen Bereich bezogen meint
sie jene Menschen und Gruppen, die die religiösen Offenbarungen
als ewig gültige und daher unhistorische Wahrheiten ansehen und
eine gesellschaftliche Ordnung anstreben, wie sie sie in den Büchern
der jeweiligen Offenbarung vorfinden oder vorzufinden glauben. Damit ist jeder Fundamentalismus im Kern auch und gerade das, was er
dogmatisch ablehnt: Interpretation der Offenbarungen. Zum anderen
hat Fundamentalismus als Geisteshaltung nicht notwendigerweise mit
Militanz und schon gar nicht mit Gewalt zu tun. So lehnt auch im
islamischen Raum die weit überwiegende Mehrheit der Islamisten
die Anwendung von Gewalt ab. Die arabischen Revolten der Jahre
2010/2011 mögen hier als Beleg ausreichen.

»Kultur« ist kein determinierender und ein für allemal prägender
Faktor für menschliches Verhalten. Jedoch können kulturell bedingte
Normen in verschiedenen historischen, sozialen, politischen, ja auch
ökonomischen Kontexten von unterschiedlichen Interessengruppen
in unterschiedlicher Weise zu politischen Zwecken instrumentalisiert
werden. Diese Behauptung widerspricht selbstverständlich dem Ent-
wurf von Samuel P. Huntington vom »Kampf der Kulturen« (s. oben).
Dass die Instrumentalisierung von kulturell bedingten Normen zur
politischen Legitimation und zur Durchsetzung politischer Ziele eine
lange Tradition hat und ihren Höhepunkt mit dem Aufstieg des Nationalismus als politischem Ordnungsprinzip fand, dürfte der historischen Wirklichkeit näher kommen als die Annahme von Wesens-
zügen, die den Kulturen (und den ihnen zugeordneten Menschen)
eingeboren sind.

Die Entstehung des Islamismus ist zu verstehen im Kontext der
imperialistischen Expansion in den Nahen Osten. Genau hier ist auch
die Politisierung oder die politische Instrumentalisierung des Islam
anzusiedeln – und zwar nicht nur durch die Muslime selbst, sondern
ganz wesentlich auch durch die Praxis des Imperialismus und die mit

ihm verbundene Diskriminierung der Muslime.[45] Fraglos wurde die
Religion beiderseits schon in den Kreuzzügen[46] und während der *re-
conquista* auf der iberischen Halbinsel politisch instrumentalisiert. Der
Islamismus ist jedoch eine Erscheinung der Moderne.

Die Französische Revolution mit ihren programmatischen Schlag-
wörtern *liberté, égalité, fraternité* wurde im arabischen Raum mit Eupho-
rie aufgenommen.[47] Die Begeisterung für die europäische Moderne
zeigte sich nicht nur in den Reformen von Mohamed Ali in Ägypten,
der in der ersten Hälfte des 19. Jahrhunderts Heer, Verwaltung und
Wirtschaft mit Hilfe französischer Berater grundlegend reformierte,
sondern sogar in der überschwänglichen Hoffnung auf die moderni-
sierende Wirkung der Kolonisation, die sich tunesische Intellektuelle
versprachen: Zwar betonten sie die muslimische Identität Tunesiens,
forderten jedoch sie die Unterstützung der von Frankreich zu erwar-
tenden Modernisierung »im Einklang mit den Grundsätzen der Französischen Revolution, die die Prinzipien des Korans sind.«[48] Die gesamte arabische Welt erhoffte sich von den europäischen Mächten die
Befreiung vom Joch der osmanischen Herrschaft und, vor allem, die
nationale Einigung der arabischen Völker auf der Basis gemeinsamer
Sprache und Kultur.[49] Diese Hoffnung fand ihren Niederschlag in der
nahda (Wiedergeburt), jener Bewegung, die die Wiederentdeckung
der arabischen Sprache als einigendes (nationales) Band propagiert
und bis heute Wurzel des säkularen arabischen Nationalismus ist.

---

45   Ruf, Werner: Zur Gewaltförmigkeit des politischen Widerstands im Vor-
      deren Orient, in: Der Bürger im Staat, Heft 2/3, 2003, S. 110-115; Schulze,
      Reinhard: Geschichte der islamischen Welt im 20. Jahrhundert, München
      2002.

46   Berman, Nina: Orientalismus, Kolonialismus und Moderne, Stuttgart 1996,
      S. 19-24.

47   Hourani, Albert: Arabic Thought in the Liberal Age 1798–1939, London
      1962; Ders.: The Emergence of the Modern Middle East, University of
      California Press, Berkeley 1981.

48   Bennattar, César / Sebai, El Hadi / Ettealbi, Abdelazuz: L'Esprit Libéral du
      Coran, Paris 1905.

49   Antonius, George: The Arab Awakening, London 1938; Hourani, Albert:
      Arabic Thought in the Liberal Age, Cambridge 1983.

Doch sehr schnell mussten die Muslime im Allgemeinen und die
Araber im Besonderen erfahren, dass die hehren Ideale der Französischen Revolution nicht für die kolonisierten Völker gedacht waren.
Die kolonialistische Unterwerfung des Orients bedeutete für gläubige Muslime zugleich eine religiöse Herausforderung, war doch in
ihrem Verständnis der Islam die jüngste der drei monotheistischen
Buchreligionen, die Gott durch die großen Propheten Ibrahim (Abraham), Mussa (Moses) und Issa (Jesus) den Menschen offenbart hatte.
Da sie immer wieder vom Weg der Wahrheit abgekommen waren,
hatte Gott einen letzten Propheten geschickt, dem er seine Botschaft
selbst diktierte: Mohamed. Also waren die Muslime im vollen Besitz der Wahrheit, die sie dazu befähigte, militärisch, technisch und
wissenschaftlich den anderen Völkern überlegen zu sein, wie das ja
auch in den ersten Jahrhunderten der Hochblüte des Islam in Meso-
potamien und auf der iberischen Halbinsel der Fall war. Was lag also
näher als die Rückkehr zu den Quellen des Glaubens, um die frühere
Überlegenheit zurück zu gewinnen und damit der Mission des Islam
zu ihrem gottgewollten Auftrag zu verhelfen.[50] Hier liegt die Wurzel
des Islamismus

Arnold Hottinger, Jahrzehnte lang Korrespondent der *Neuen Zürcher Zeitung* im Nahen Osten, hat diesen Zusammenhang treffend auf
den Punkt gebracht:

> »Als Gesetzesreligion legt der Islam Wert darauf, das Leben der Gläu-
> bigen in dieser Welt nach dem Gottesgesetz zu regeln, und dies muss
> das beste aller Gesetze sein, weil es nach muslimischem Glauben von
> Gott selbst stammt. Die Gemeinschaft, die unter dem besten aller
> Gesetze lebt und sich an es hält, muss also auch eine erfolgreiche
> Gemeinschaft sein. Wenn sie das ganz offensichtlich nicht ist, muss
> etwas an ihrer Auffassung des Gottesgesetzes oder an ihrer Befolgung
> desselben verkehrt sein.«[51]

---

50   Vgl. hierzu Peters, Rudolph: Erneuerungsbewegungen im Islam vom 18.
     bis zum 20. Jahrhundert und die Rolle des Islams in der neueren Geschich-
     te: Antikolonialismus und Nationalismus, in: Ende, Werner / Steinbach,
     Udo: Der Islam in der Gegenwart, 2. Auflage, München 1989, S. 91-131,
     hier S. 105-126.

51   Hottinger, Arnold: Islamischer Fundamentalismus, Paderborn 1993.

Dies ist der Hintergrund jener simplen Parole »*al islam al hall* – Der Islam ist die Lösung,« die von den zeitgenössischen Salafisten propagiert wird, die, fundamentalistisch im Wortsinne, die gesellschaftliche Ordnung in einer Form wieder herstellen wollen, wie sie, ihrer Ansicht nach, zu den Zeiten des Propheten bestand. Extreme Gruppierungen befürworten zur Erreichung dieses Ziels auch die Anwendung von Gewalt, wie dies derzeit beispielsweise in Tunesien geschieht, wo Salafisten mit z. T. brutaler Gewalt erreichen wollen, dass Studentinnen im *niqab* (Ganzkörper-Verhüllung) zu Lehrveranstaltungen und Prüfungen erscheinen dürfen. Seitens der Dozenten und der Hochschulleitung wird dies mit der Begründung abgelehnt, die Ganzkörperverhüllung verhindere die Identifikation der jeweiligen Person.

Die Salafisten-Bewegung entstand im 19. Jahrhundert im Zuge der geistigen Auseinandersetzung mit den Orientalisten dem Imperialismus. Die bedeutendsten Vertreter dieser Richtung waren Jamal ed-Din al-Afghani (1839-1897) und Mohamad Abduh (1849-1905). Sie forderten die Rückkehr zu den Quellen des Glaubens und die Bezugnahme auf die Vorfahren (*salaf*), was der Bewegung den Namen Salafiya gab. Muslim sein und die Erfahrung, aufgrund der Zugehörigkeit zu diesem Kulturkreis durch die Kolonialherren diskriminiert und unterdrückt zu werden, gab der Religion eine identifikatorische Komponente und einen politischen Auftrag:

»Auf diese Weise wurde aus dem Islam für viele Muslime etwas, was in ihrem Bewusstsein überwiegend – und bei manchen von ihnen sogar ausschließlich – ein Wesenselement ihrer kulturellen Identität darstellt, das gegen äußere Angriffe verteidigt werden muss, und nicht so sehr eine Art des Gottesglaubens, der Entdeckung von Ziel und Sinn des Lebens und eine ideale Gesellschaftsordnung. Um diese neue Aufgabe erfüllen zu können, musste der Islam zu etwas werden, auf das man stolz sein konnte.«[52]

---

52 Peters, Rudolph: Erneuerungsbewegungen im Islam vom 18. bis zum 20. Jahrhundert und die Rolle des Islams in der neueren Geschichte: Antikolonialismus und Nationalismus, in: Ende / Steinbach, a. a. O., S. 109.

Gleichzeitig beförderte die vom Kolonialismus unter dem Banner der zivilisatorischen Mission des Westens betriebene Diskriminierung der Muslime den Islam zum identitären Kristallisationskern des politischen Widerstands[53]: Der Zugang von Muslimen zu Positionen der Verwaltung wurde beschränkt, christliche Gemeinschaften wie die (katholischen) Maroniten im Libanon wurden systematisch gefördert, die krasseste Diskriminierung mittels der Religion erfolgte in Algerien: Das Land wurde von Frankreich rechtlich als Teil des »Mutterlandes« betrachtet (unter französischer Herrschaft von 1830 bis 1962). Um jedoch den Algeriern ihre bürgerlichen Rechte wie insbesondere das aktive und passive Wahlrecht zu verwehren, wurden sie einem gesonderten muslimischen Rechtsstatut, dem *statut musulman,* unterstellt, das den muslimischen Algeriern einige Besonderheiten im traditionellen Privat- und Erbrecht beließ. Allerdings waren alle Algerier der Wehrpflicht unterworfen. Ein ähnliches Statut galt für die Juden. 1870 wurden diese jedoch den übrigen Franzosen gleichgestellt. Der Unterricht der arabischen Sprache wurde verboten. Der blutige Befreiungskrieg gegen Frankreich wurde – als Resultat der Dialektik des »Wir und die Anderen« – geführt. Jenseits der Inbesitznahme des von den Kolonisten geraubten Landes wurde jene Identität eingefordert, die den Algeriern von der Kolonialmacht verweigert worden war: »Der Islam ist meine Religion, arabisch meine Sprache, Algerien mein Vaterland«, und die Masse der Kämpfer der algerischen Befreiungsarmee kämpfte gegen die *rumi,* die Römer = die Christen.[54] Hier liegt eine der Wurzeln der späteren islamistischen Militanz in Algerien.

Die Vorstellungen der Salafiya wurden erstmals zum Programm einer politischen Bewegung mit der Gründung der Muslim-Bruderschaft in Ägypten (1928). Zwar war und ist diese islamische Erneue-

---

53 Radikaler noch als die Muslimbrüder forderte der aus Indien stammende Abu Ala al-Maududi (1903-1979) die Schaffung eines genuin islamischen Staates, der allein auf der shari'a basierte. Sein Einfluss war prägend in Pakistan, ist es aber auch für viele militante Gruppen der Gegenwart. Vgl. Reissner, Johannes: Die militant-islamischen Gruppen, in: Ende/Steinbach, a.a.O., S. 470-486.

54 Ruf, Werner, Die algerische Tragödie, Münster 1997.

rungsbewegung, wie sie anfangs auch in der westlichen Literatur genannt wurde, grundsätzlich panislamisch orientiert[55], Einfluss gewann sie jedoch vor allem im arabischen Raum, wo die vom britischen Imperialismus in Zusammenarbeit mit der zionistischen Bewegung betriebene Gründung des Staates Israel eine besondere katalysatorische Funktion hatte, richtete sich die Gründung eines jüdischen Staates in den Augen der säkular-nationalistischen wie der religiösen Araber und der Muslime doch gegen die Schaffung einer territorial geeinten arabischen Nation. So wurden Elemente des Islam schon sehr früh konstituierend für die identitäre Konzeption vieler zeitgenössischer arabischer und muslimischer Staaten.

Es ist daher kein Zufall, dass in allen Staaten des Nahen und Mittleren Ostens der Islam Staatsreligion ist – mit zwei Ausnahmen: der von Mustafa Kemal »Atatürk« säkularisierten Türkei und dem mehrheitlich (?) christlichen Libanon.[56] Herrschaft wird und wurde schon in den 50er und 60er Jahren durch Verweise auf den Islam legitimiert, und dies nicht nur etwa in Saudi-Arabien oder Pakistan, sondern auch in sich »sozialistisch« nennenden Staaten wie Algerien oder Ägypten, wo zur Zeit Nassers die egalitaristischen Prinzipien des Islam herangezogen wurden, um ein sozialistisches Gesellschaftsmodell zu rechtfertigen, oder aber in Tunesien, wo der säkular orientierte damalige Staatspräsident Burgiba den Verzicht auf das Fasten im Ramadan mit der Begründung forderte, dass der Kampf zur Überwindung der Unterentwicklung ein *djihad* (Heiliger Krieg) und daher der Verzicht auf das Fasten geboten sei.

So wie Teile der geistlichen Führer des Orients ihre koloniale Niederlage gegenüber dem Okzident durch die Abkehr vom Glauben erklärten, schuf sich der Okzident seine Legende für die Beherrschung des Orients. Beide Argumentationen benötigen das »Wir« als Projektionsfläche gegenüber dem »Anderen«, von dem sich das jeweilige

---

55 S. Schulze, Reinhard: Islamischer Internationalismus im 20. Jahrhundert, Leiden 1990.

56 Art. 3 der syrischen Verfassung bestimmt, dass der Staatspräsident Muslim sein muss und dass das islamische Recht Hauptquelle der Rechtsprechung ist.

Wir positiv abzuheben vermag. Die kulturalistischen Argumentationen basierten auf der Herstellung antithetischer Kultur-Typologien. So
entstand, beginnend schon mit der Aufklärung und ausgeschmückt
im 19. Jahrhundert, jenes Bild des Orients, welches Edward Sa'id[57] so
trefflich beschrieben hat und wie es von Aziz al-Azmeh in seiner historischen und politischen Funktionalität greifbar gemacht wird.[58] In dieser
Dialektik wurde der Orient nicht nur Projektionsort von Sinnlichkeit
und Lüsten, die im strengen Moralkodex des Christentums keinen Platz
haben, er wurde gleichzeitig auch zum Gegenteil von Vernunft, Freiheit und Veränderbarkeit: Das latent vorhandene Orientbild, das die
»Orientalisierung« des Orients[59] und die entsprechende »Okzidenta-
lisierung« des Okzidents zum Gegenstand hatte, wurde reaktiviert in
dem Augenblick, in dem Feind und Feindbild des bipolaren Zeitalters
zugleich abhanden kamen – mit der Auflösung der Warschauer Vertragsorganisation und dem Zusammenbruch der Sowjetunion.[60]

Bis zum Ende des Ost-West-Konflikts war das Internationale System geprägt durch souveräne (National-) Staaten, die ihre territoriale
Unversehrtheit militärisch schützten. Das mit dem Ende der Bipolarität verbundene Verschwinden militärischer und auf Territorialität
bezogener Bedrohung stellte prinzipiell die Existenzberechtigung der
westlichen Militärstrukturen und ihrer Bündnisse wie der NATO in
Frage. Die Erweiterung des Sicherheitsbegriffs, der nun auch auf ökonomische, ökologische, soziale, aber auch kulturelle Probleme aus-
gedehnt wurde und der Gefährdungen vor allem in transnationalen
Prozessen wie etwa Ökologie, Migration, international organisierter

57   Sa'id, Edward: Orientalism, London 1978.

58   Al-Azmeh, Aziz: Islams and Modernities, London 1993, S. 130-133, Über-
     setzung aus dem Englischen W. R.

59   Vgl. auch Halliday, Fred: Islam and the Myth of Confrontation, London/
     New York 1995, S. 200: »Orientalismus ist ein Herrschaftsdiskurs, und zwar
     in zweifacher Weise: als Produkt der europäischen Unterwerfung des Mitt-
     leren Ostens und als Instrument in diesem Prozess.«, Übersetzung aus dem
     Englischen W. R.

60   Ruf, Werner: Islam. A new Challenge to the Security of the Western World?,
     in: Ders. (Hrsg.): Islam and the West, a. a. O., S. 41-54.

Kriminalität, Rohstoffsicherung etc. verortete, macht diesen so erweiterten Sicherheitsbegriff willkürlich handhabbar: Alle Bereiche des öffentlichen Lebens, nahezu alle Politikfelder von äußeren Bedrohungen bis zu ökologischen und sozialen Fragen wie gerade auch die Migration werden »versicherheitlicht« und geraten zunehmend in den Zuständigkeitsbereich des Militärs, wie auch die Aufgaben von Polizeien und Geheimdiensten zunehmend verschmelzen, und die Sicherheitsdienste insgesamt Zuständigkeiten in diesen diffusen und wenig definierten Bereichen erhalten. Sicherheit oder Bedrohung werden zum subjektiv-beliebigen Definitionsproblem der Akteure.[61]

So ist die sicherheitspolitische Aktualisierung der »Bedrohung« durch den »islamischen Fundamentalismus« kein Zufall, denn sie war im Okzident stets latent vorhanden und konnte daher schnell aktualisiert werden. Dies fügte sich in die Interessenlage des Westens, ist doch der nahöstliche Raum von höchster Priorität für die Energieversorgung. Zugleich ist der Nahe und Mittlere Osten eine Krisenregion par excellence, die in den Augen westlicher Strategieplaner von höchster Priorität ist.[62]

5. Der *Greater Middle East,* der Islam und die Ressourcen

Bereits der 2. Golfkrieg wurde geführt unter dem Gesichtspunkt der Ressourcensicherung und des Ausbaus der US-Hegemonie im Nahen und Mittleren Osten. So erklärte der damalige US-Präsident George H.W. Bush in seiner berühmten Rede vom 11. September

---

61 Hierzu Berndt, Michael: Was bedeutet »Sicherheit« angesichts der Uneindeutigkeiten?, in: Grundmann, Martin / Hummel, Hartwig (Hrsg.): Militär und Politik. Ende der Eindeutigkeiten? Zum Wandel institutionalisierter Gewalt, Baden-Baden 1998.

62 Asmus, Ronald D. / Pollack, Kenneth M.: Transforming the Middle East, in: Policy Review, Nr. 115, Sept./Oct. 2002, übersetzt in: Blätter für deutsche und internationale Politik, Heft 12/2002, S. 1457-1466.

1990[63], die das Ende der Bipolarität markiert und in der er eine Neue
Weltordnung ankündigte, »*in der die Herrschaft des Gesetzes das Faustrecht
ersetzt*«:

> »Vitale ökonomische Interessen stehen gleichfalls auf dem Spiel. Der
> Irak kontrolliert allein etwa zehn Prozent der bekannten Erdölreser-
> ven der Welt, Irak plus Kuwait kontrollieren das Doppelte. Würde
> es dem Irak erlaubt, Kuwait zu schlucken, dann hätte er die wirt-
> schaftliche und militärische Macht, (…) seine Nachbarn einzuschüch-
> tern und zu zwingen – Nachbarn, die den Löwenanteil der weltweit
> verbleibenden Ölreserven kontrollieren. Wir können nicht zulassen,
> dass eine so vitale Ressource von einem so Skrupellosen beherrscht
> wird. Und wir werden es nicht zulassen.«[64]

Der Wille zur Kontrolle des Öls erklärt auch die scheinbar wider-
sprüchlichen Signale der US-Regierung an das irakische Regime in
der Woche vor dessen Einmarsch in Kuwait am 2. August 1990: So
hatte in der sich zuspitzenden Krise die US-Botschafterin in Bagdad,
April Glaspie, am 25. Juli 1990 erklärt, die USA betrachteten den
Streit zwischen Irak und Kuwait als »innerarabische Angelegenheit«,
und noch am 31. Juli erklärte John Kelly, stellvertretender Staatssekre-
tär für den Mittleren Osten, vor dem Kongress, man müsse sich mit
Saddam Hussein vertragen und dürfe das kuwaitische Problem nicht
hochspielen.[65] Ob diese Signale nun Saddam Hussein grünes Licht
für seine Invasion geben sollten oder nicht: Der Einfall des Irak in
Kuwait lieferte den Grund für die Intervention der US-geführten Koalition, die weit über die »Befreiung« Kuwaits hinausging, die territo-

---

63   9/11 scheint ein symbolträchtiges Datum der internationalen Politik zu
     sein: Am 11. September 1973 putschte General Pinochet in Chile. Mit obi-
     ger Rede erklärte Präsident Bush am 11. September 1990 die Ära des Kal-
     ten Krieges für beendet. Die Koinzidenz des Tages wurde in der arabischen
     wie in der lateinamerikanischen Presse umfangreich diskutiert.

64   President Bush's Address to Congress on the Persian Gulf Situation. Wa-
     shington File, Washington DC, Department of State 1990, Übersetzung aus
     dem Englischen W. R.

65   Ausführlich hierzu: Ruf, Werner: Der Golfkrieg: Eine bewusste Eskalation?,
     in: Ruf, Werner (Hrsg.): Vom Kalten Krieg zur Heißen Ordnung? Der Golf-
     krieg – Hintergründe und Perspektiven, Münster 1991, S. 51-61.

rialen Grenzen des Irak veränderte, seine Ökonomie internationaler Kontrolle unterwarf und tief in seine innere Souveränität eingriff.[66] Im Augenblick des Austritts der Sowjetunion aus der Weltgeschichte sicherten sich die USA damit auch militärisch ihre Rolle als Ordnungsmacht im Nahen und Mittleren Osten.

Mit der – umstrittenen – ersten Wahl von George W. Bush zum Präsidenten der USA gelangte eine Fraktion von ultra-konservativen Außen- und Militärpolitikern an die Macht, die mit dem *oil-business* besonders eng verflochten ist und bereits am Ende der Clinton-Administration mit ihrem Memorandum *Project for a New American Century* (PNAC): *Rebuilding American Defenses*, Strategy, *Forces and Resources for a New Century*« eine grundsätzliche Neuorientierung der US-Außenpolitik gefordert hatte. Kernpunkte dieser neo-konservativen Weltordnungsvorstellung sind:

> »Amerikas globale Führungsaufgabe und seine Rolle als Garantiemacht des derzeitigen Großmachtfriedens ruht auf der Sicherheit der amerikanischen Heimat (*homeland*), auf der Sicherung eines günstigen Machtgleichgewichts in Europa, dem Mittleren Osten und der umliegenden Energie produzierenden Region und Ostasien; sowie der allgemeinen Stabilität des internationalen Systems von Nationalstaaten gegenüber Terroristen, organisiertem Verbrechen und anderen ›nichtstaatlichen Akteuren‹.«

Der 11. September 2001 erscheint aus dieser Perspektive wie ein Geschenk des Himmels: Wie kein anderes Ereignis bestätigte er in den Augen der Welt die weltweite Bedrohung durch den (islamischen) Terrorismus und mobilisierte zugleich eine weltweite emotionale Solidarisierung mit den von den Anschlägen betroffenen USA. Die Anschläge ermöglichten die Verbindung von Terrorismus mit der Region des muslimischen Nahen und Mittleren Ostens. So folgerten die Politikberater des Nachfolge-Präsidenten Bill Clinton Asmus und Pollack:

---

66   Ruf, Werner: Die neue Welt-UN-Ordnung. Vom Umgang des Sicherheitsrates mit der Souveränität der ›Dritten Welt‹, Münster 1994, insbes. S. 66-121.

»Die Gefahr (...) liegt vielmehr in der Bedrohung durch Terroristen oder Schurkenstaaten im Bereich des Greater Middle East, des gesamten Nahen und Mittleren Osten.« Dieser liegt »zwischen Marrakesch und Bangladesch«.[67]

Aus dieser Bedrohungsanalyse wurden vier Ziele für die US-Außenpolitik abgeleitet:

- »Die Implementierung dieser neuen Strategie sollte in Afghanistan beginnen. (...) Nutzen wir Afghanistan (...) als Chance, einen Präzedenzfall für positiven Wandel und Transformation zu schaffen und dem Rest der Region zu demonstrieren, worum es dem Westen geht.
- Die politische und wirtschaftliche Transformation kann den Prozess der arabisch-israelischen Versöhnung bedeutend erleichtern.
- Drittens muss Saddam Hussein mit seinem Regime verschwinden (...), weil eine längerfristige Strategie demokratischen Wandels für den *Greater Middle East* unmöglich gelingen kann, solange dieser Stalin unserer Tage seinen brutalen totalitären Staat aufrecht erhält. Dies wird eine groß angelegte Invasion des Irak erfordern.
- Und schließlich (...) Wir können nicht glaubwürdig auf einem Regimewandel in Ländern wie dem Irak bestehen, wenn wir in den Fällen Saudi-Arabien oder Ägypten wegschauen.«[68]

Asmus und Pollack, die Verfasser dieses Strategie-Papiers, waren Mitarbeiter der Clinton-Administration. Ihre Position bestätigt die These von Samir Amin, dass in der politischen Klasse der USA weitgehender Konsens über die Kernziele der US-Außenpolitik besteht bzw. schon immer bestand. Das *Project for a New American Century* formuliert diese noch deutlicher.[69] Die dann im September 2002 beschlossene Nationale Sicherheitsstrategie (NSS) der USA spiegelt genau diesen Ansatz.

---

67   Asmus, Ronald D./Pollack, Kenneth M.: Transformation des Mittleren Ostens. Das neue transatlantische Projekt, in: Blätter für deutsche und internationale Politik, Heft 12/2002, S. 1457-1466, hier S. 1457 f.

68   A. a. O., S. 1461-1463.

69   Die im PNAC formulierten, zentralen Forderungen an die US-Administration sind: Permanente Truppenstationierung in Südeuropa, Südostasien und im Mittleren Osten; Modernisierung der US-Streitkräfte, insbesondere durch Flugzeuge, U-Boote und Flottenkapazität; Aufbau eines globalen Raketensystems und Beherrschung des Weltraums; Erhöhung der Verteidigungsausgaben von derzeit 3 % auf 3,8 % des BIP; die Fähigkeit mehrere Kriege gleichzeitig führen und gewinnen zu können.

Jedoch: Die Gleichsetzung militärischer mit außenpolitischer Macht ist nicht nur ein gefährlicher Reduktionismus, man könnte ihn auch »Machbarkeitswahn« nennen.[70] Beschränkt auf das Gewaltmittel Militär ist sie, wie die Kriege in Irak und Afghanistan zeigen, geradezu kontraproduktiv.

Es ist kein Zufall, dass die Debatte über das »neue amerikanische Jahrhundert« just in dem Zeitpunkt geführt und in eine außenpolitische Doktrin gegossen wird, in dem *peak oil* erreicht, wenn nicht bereits überschritten ist. Hierin sind sich kritische Beobachter von Altvater[71] bis Zumach[72] ebenso einig wie Analysten des internationalen Finanzkapitals.[73] Die Sicherung der Energiezufuhr ist zentraler Gegenstand sämtlicher strategischer Dokumente der jüngsten Zeit: Vom PNAC über die Europäische Sicherheitsstrategie (ESS, 2003) ziehen sie sich bis zur Erklärung des NATO-Gipfels in Riga (29. November 2006) und finden sich sogar als explizites Ziel deutscher Sicherheitspolitik im jüngsten Verteidigungsweißbuch.[74] Entgegen dem durch die Globalisierung hervorgerufenen Trend zu Entstaatlichung und Ent-Territorialisierung der Welt erhält Geopolitik eine zentrale Bedeutung, wenn es um die Sicherung der vorhandenen Vorräte an Erdöl und Erdgas geht.[75] Das einfachste und verlässlichste Mittel hier-

---

70 Maull, Hanns-W.: Die »Zivilmacht Europa« bleibt Projekt. Zur Debatte um Kagan, Asmus / Pollack und das Strategiedokument NSS 2002, in: Blätter für deutsche und internationale Politik, Heft 12/2002, S. 1467-1478.

71 Altvater, Elmar: Das Ende des Kapitalismus, wie wir ihn kennen, 2. Auflage, Münster 2006, S. 240.

72 Zumach, Andreas: Die kommenden Kriege, Köln 2005, S. 223.

73 Schmitt, Thomas: Spekulieren auf die Zeit ohne Öl, in: Frankfurter Allgemeine Sonntagszeitung, 20. Dez. 2006, S. 58.

74 Bundesministerium der Verteidigung: Weißbuch 2006 zur Sicherheitspolitik Deutschlands und zur Zukunft der Bundeswehr (Onlinefassung), Berlin, vor allem S. 22.

75 Karin Kneissl, die überzeugend die These vertritt, dass im Falle der Energie-Ressourcen die jeweils nationalen Interessen entscheidend sind. Kneissl, Karin: Die neue Kolonialisierung Afrikas: China, die USA und Europa im Kampf um die Rohstoffe, in: ÖSFK / Roithner, Thomas: Von kalten Energiestrategien zu heißen Rohstoffkriegen?, Wien/Berlin 2008, S. 177-191.

zu ist das Militär, dessen dauerhafte Stationierung im Mittleren Osten
das PNAC unmissverständlich fordert. Begonnen hatte sie bereits im
2. Golfkrieg mit der dauerhaften Stationierung von US-Truppen in
Saudi-Arabien und am Golf. Doch geht es nicht nur um die Sicherung
der Energiereserven, es geht auch um die Kontrolle der Seewege und
der Pipelines und damit letztlich um die Kontrolle der Energiezufuhr
der großen Konkurrenten wie China. Das ist der Kern jener *grand strategy,* die die Dominanz der USA innerhalb der Triade wie gegenüber
den übrigen Großmächten sichern soll:

1. Das Konzept des *Greater Middle East* umfasst also den gesamten
    Raum von der afrikanischen Atlantik-Küste bis zum Kaspischen
    Becken. In diesen Kontext gehören der Krieg in Afghanistan, der
    ja bereits vor dem 11. September 2001 beschlossen war[76], oder die
    Pan-Sahel-Initiative, die unter dem Vorwand der Terrorismus-Be-
    kämpfung die Stationierung von US-Truppen im gesamten Sahel-
    Raum von Somalia über Tschad, Niger, Mauretanien, Marokko,
    Algerien und Tunesien zum Gegenstand hat, wobei in den ent-
    sprechenden Planungen auch Nigeria, Kamerun und Äquatorial-
    Guinea auftauchen.[77]

2. Die Kontrolle der Kohlenwasserstoffe ermöglicht letztlich auch die
    Kontrolle der Preisgestaltung der Waren auf dem Weltmarkt: Die

---

76   S. hierzu den BBC-Bericht »US Planned Attack on Taliban« vom 18. Sep-
     tember 2001, dokumentiert in: Chossudowski, Michel: Global Brutal. Der
     entfesselte Welthandel, die Armut, der Krieg, Frankfurt a. M. 2002, S. 390;
     s. auch: Pohly, Michael: Krieg und Widerstand in Afghanistan, unveröffent-
     lichte Habilitationsschrift, Berlin 2005, S. 177-179 zu den Pipeline-Projekten
     von UNOCAL und die Verhandlungen mit den Taliban.

77   Keenan, Jeremy: Waging War on Terror: The Implications of America's
     ›New Imperialism‹ for Saharan Peoples, Journal of North African Studies,
     Nr. 3-4 (2005), S. 619-647; Powell, Stewart M.: Swamp of terror in the Sa-
     hara. Air Force Magazine vol. 87 (2004), Nr. 11, unter: http://www.afa.
     org/magazine/nov2004/1104sahara.html [27.12.2006]. Ausführlich dazu:
     Werner Ruf: Terror, Geheimdienste und Geopolitik: Wie die Achse Wa-
     shington-Algier Ressourcensicherung betreibt, in: Albrecht, Holger (Hrsg.):
     Weltregionen im Wandel: Politik, Wirtschaft und Gesellschaft im Vorderen
     Orient, Baden-Baden 2007.

Fakturierung der Kohlenwasserstoffe wird so zu einem entschei-
denden Instrument der Konkurrenz innerhalb der Triade, aber
auch gegenüber der aufsteigenden Weltmacht China.

3. Diese Kontrolle sichert zugleich den US-Dollar als Weltwährung
   und garantiert damit langfristig den Ausgleich des gewaltigen
   Außenhandelsbilanzdefizits der USA. Sie stellt ein Bollwerk dar in
   der Weltwährungsrivalität zwischen Dollar und Euro.

4. Der Griff über Afghanistan und Usbekistan nach dem Kaspischen
   Becken und die geplanten bzw. im Bau befindlichen Pipelines zum
   Indischen Ozean bzw. durch den Kaukasus in die Türkei und von
   dort nach Wien und Prag (Nabucco) sollen Russland einen wesent-
   lichen Teil jener Renten-Einnahmen aus dem Kohlenwasserstoff-
   Transit nehmen, die das Haupteinkommen des Staates darstellen:
   Der alte Rivale, der immer noch eine gewaltige Militärmacht dar-
   stellt, könnte endlich ausgeschaltet werden.[78]

All dies erklärt, weshalb als Ausgangspunkt für die »Demokratisie-
rung« des Nahen und Mittleren Ostens nicht etwa Saudi-Arabien aus-
gewählt wurde[79] und weshalb im Atomstreit mit dem Iran seitens der

---

78   Zu den expliziten Politikzielen in diesen Staaten gehört: »U.S. policy em-
     phasized bolstering the security of the Central Asian states to help them
     combat terrorism, proliferation, and arms trafficking. Other strategic inter-
     ests include internal reforms (democratization, free markets, and human
     rights) and energy development. Administration policy also aims to inte-
     grate these states into the international community so that they follow re-
     sponsible security and other policies, and to discourage the growth of xeno-
     phobic, fundamentalist, and anti-Western orientations that threaten peace
     and stability.« Dort wird als Ziel der US-Politik formuliert: »The U.S. policy
     of advocating ›multiple pipelines‹ includes support for building those that
     break Russia's near-monopoly of existing routes.« (S. 14). Und lobend wird
     erwähnt, dass Turkmenistan die erste Pipeline eröffnete, die nicht nach
     Russland führt. Ferner wird auf Präsident Bush's National Energy Policy
     Report vom Mai 2001 verwiesen, der den Bau einer Gas-Pipeline von Aser-
     baidschan in die Türkei empfiehlt, an die Kasachstan, das die größten Öl-
     reserven am Kaspischen Meer besitzt, angeschlossen werden soll. S. unter
     http://fpc.state.gov/documents/organization/58264.pdf [17.01.07], S. 14.

79   S. auch das vom damaligen Vorsitzenden des Verteidigungsausschus-
     ses des US-Verteidigungsministeriums der USA Richard Perle (Mitglied

USA gezielt auf eine Eskalation hingearbeitet wird: Irak und Iran sind bzw. waren – im Gegensatz zu den Despoten der Arabischen Halbinsel – unbotmäßige Staaten, sie besitzen noch immer riesige Öl- und Gasvorräte, vor allem aber: Sie sind die geostrategische Brücke zum Kaspischen Becken.[80] Lobend hebt das US-State-Department hervor, dass alle zentralasiatischen Nachfolgestaaten der Sowjetunion nach 9/11 den USA und der NATO Überflugrechte und Zugang zu Luftwaffenstützpunkten gewährten und dass im Krieg gegen den Irak Usbekistan sich militärisch kurzfristig an der Koalition beteiligte, Kasachstan zwei Dutzend Soldaten für den Wiederaufbau bereitstellte.[81]

Die Geostrategie erklärt, weshalb der »Krieg gegen den Terror« – sieht man einmal von Afghanistan ab, wo ja zunächst Einvernehmen mit den Taliban herrschte[82] – gerade gegen Staaten geführt wird oder geführt werden soll, die nun keineswegs im Verdacht stehen können, das ominöse Netzwerk *al qa'eda* zu beherbergen und zu unterstützen: Irak und Syrien, zwei »Schurkenstaaten« auf der »Achse des Bösen«, gehör(t)en zu den letzten wirklich säkularen Staaten der Region, und der Iran kann gleichfalls nicht verdächtigt werden, eine Bewegung zu unterstützen, deren ideologische Wurzeln im wahabitisch-sunnitischen Islam gründen. Die Verfolgung der hegemonialen Strategie konnte gegenüber den Partnern innerhalb der westlichen Triade nicht offen deklariert werden. 9/11 bot der US-Administration die Gelegenheit, einen Krieg in moralischem Gewande gegen »das Böse« zu führen, um die Akzeptanz zu schaffen, die gerade in der US-amerikanischen Gesellschaft mit ihrer Vorstellung einer »von Gott und der Geschichte auserwählten

---

des PNAC) entworfene Szenario eines Angriffs auf Saudi-Arabien. Ruf, Werner: Zur Gewaltförmigkeit des politischen Widerstands im Vorderen Orient, in: Der Bürger im Staat, Nr. 2/3 (2003): Islam und Globalisierung, S. 110-115.

80   http://www.uni-kassel.de/fb5/frieden/regionen/Kaukasus/pipeline.html [17.01.07].

81   http://fpc.state.gov/documents/organization/58264.pdf [17.01.07].

82   Pohly, a.a.O., S. 177-179.

Gemeinschaft«[83] – *god's own country* – notwendig ist, um Unterstützung zu mobilisieren.[84]

Kein Präsident der USA hat es vermocht, sich so sehr zum überzeugenden und geradezu verehrten Sprecher der evangelikalen Fundamentalisten zu machen, wie George W. Bush. So schrieb die Washington Post:

> »Zum ersten Male, seit religiöse Konservative zu einer modernen politischen Bewegung wurden, wurde der Präsident der Vereinigten Staaten der tatsächliche Führer der Bewegung – ein Status, den noch nicht einmal Ronald Reagan erreichte, trotz seiner Bewunderung durch die religiösen Konservativen. Christliche Publikationen, Rundfunk und Fernsehen überschütten Bush mit Lobpreisungen, während Prediger von ihren Kanzeln seine Führung als einen Akt der Vorsehung preisen. Eine ganze Prozession von religiösen Führern, die ihn getroffen haben, zeugen von seinem Glauben, während Websites die Menschen ermutigen, für den Präsidenten zu fasten und zu beten.«[85]

Seit Samuel Huntingtons *Clash of Civilizations* war das Feindbild Islam gewissermaßen zum wissenschaftlichen Paradigma erhoben worden. 9/11 war dessen empirische Bestätigung und Krönung zugleich. »Das Böse« war identifiziert und im Namen des Guten zu bekämpfen.[86]

Es genügt offenbar zu behaupten, Staaten seien Stützpunkte des Terrorismus, um eine aggressive Politik zu rechtfertigen. Der Verweis auf religiös motivierten Terrorismus scheint auszureichen, um Hysterie und nationale Geschlossenheit zugleich zu erzeugen. Unter-

---

83 Krippendorff, Ekkehart: Die Vereinigten Staaten und Israel. Projektionsflächen für Hoffnung und Hass, in: Blätter für deutsche und internationale Politik, Heft 8/2002, S. 943-953.

84 Vgl. Maull, a. a. O.

85 Milbank, Dana: Religious Right Finds Its Center in Oval Office, in: Washington Post, 24. Dezember 2001.

86 Bush, George W.: State of the Union Address am 29. Januar 2002: »Staaten wie diese (Nord-Korea, Iran und Irak) und deren terroristische Alliierte bilden eine Achse des Bösen.«, s. unter http://www.whitehouse.gov/news/releases/2002/01/20020129-11.html [17.01.07].

stützung erhielt die Busch-Administration in ihrem Kampf gegen das islamische Böse von religiösen »Autoritäten« wie dem prominenten fundamentalistischen Fernsehprediger Jerry Falwell, mit dem George W. Bush morgens medienwirksam zu predigen pflegt und der in der CBS-Sendung »60 Minutes« erklärte:

> »ich denke, Mohamed war ein Terrorist. Ich habe genug gelesen (...) von Muslimen und Nicht-Muslimen, (um festzustellen), dass er ein gewalttätiger Mensch war, ein Mann des Krieges.«[87]

Die Rechtfertigung des Irak-Krieges wurde in ein absichtsvoll gefälschtes Bild eingefügt, das von den – erfundenen – Massenvernichtungswaffen Saddam Husseins bis zum Vorwurf reichte, der Irak beherberge *al qa'eda*-nahe Terroristen. Dabei wird der immer gleiche Topos aufgegriffen, der schon von den alten Orientalisten in ihrer Apologetik des Imperialismus beschrieben worden war. Dieses absolut Böse ist barbarisch, kämpft ohne jede Rücksicht auf zivilisatorische Normen, vernichtet, mordet und zerstört. Die Mär von den Selbstmordattentaten als einer typisch islamischen Kampfform gehört in dieses falsche Gemälde.[88] Falsch ist dies nicht nur, weil der Islam den Suizid verbietet. Auch die Empirie widerlegt diese schon fast zum Reflex gewordene Assoziation: Nicht in einem islamischen Land, sondern in Sri Lanka war das Selbstmordattentat eine massenhaft eingesetzte Waffe.[89] Und die japanischen Kamikaze-Flieger waren sicherlich keine Muslime.

---

87   Drudge Report, 3. Oktober 2002, unter http://www.drudgereportarchives. com/data/2002/10/03/20021003_151936.htm [17-01-07]. Vgl. auch Ruf, Werner: Islam: A New Challenge to the Security of the Western World, in: Ruf, Werner (Hrsg.): Islam and the West, a. a. O., S. 41-54.

88   Pape, Robert A.: Suicide Terrorism and Democracy. What we have Learned since 9/11, in: Policy Analysis, Nr. 582, 1. November 2006. Pape weist hier auf der Basis einer subtilen empirischen Studie nach, dass Selbstmordanschläge eine lange Tradition haben und in keiner Weise kulturell verortet werden können. Schon gar nicht sind sie »Produkt eines islamischen Fundamentalismus«, sondern »eine Antwort auf fremde Besatzung« – wo auch immer in der Welt.

89   A. a. O.

Umgekehrt gibt es religiöse Mythen, in denen der Selbstmordanschlag positiv besetzt ist: Samson, der in der Zeit lebte, als die Israeliten von den Philistern (Falastiniun = Palästinenser) unterdrückt wurden, war mit übernatürlichen Kräften ausgestattet, so lange er sein Haupthaar besaß. Schließlich wurde er gefangen genommen und von den Philistern, die ihm sein Haar schoren, geblendet. Doch in der Gefangenschaft wuchs sein Haar nach. Die Philister wollten sich an dem hilflosen Gefangenen belustigen, führten ihn in eine große Halle, wo 3.000 Menschen zu einem Fest versammelt waren. Samson umfasste mit aller Kraft die zwei tragenden Säulen des Gebäudes, bat den Herrn um Kraft, damit er mit den Philistern sterbe. Das Dach stürzte ein und erschlug Samson und die anwesenden Philister.

Doch solche Relativierungen sind nicht gefragt, wenn es um die Konstruktion und Ausmalung eines Feindbildes geht, ist 9/11 doch der Höhepunkt und der ultimative Beweis für den von religiösem Fanatismus getriebenen Feind und den Selbstmordanschlag als seine kultur- bzw. religionsspezifische Waffe. Solche Barbarei, die sich gegen die zivilisatorischen Fundamente »unserer« Gesellschaft schlechthin wendet, verlangt auch dass gegen solche Barbaren die Gesetze der Zivilisation nicht gelten können. Der »Krieg gegen den Terror« bisweilen auch »*global war on terror*« (George W. Bush) ist die Formel, mit deren Hilfe die Normen des Kriegsvölkerrechts ebenso wie die Prinzipien der Genfer Konventionen außer Kraft gesetzt werden.[90]

Die Erfindung des Begriffs der »ungesetzlichen Kämpfer« (*unlawful combatants*), die Guantanamo und die zahllosen unbekannten Haftorte oft willkürlich verhafteter Menschen rechtfertigen sollen, gehören hierzu ebenso wie der Einsatz kriegsvölkerrechtswidriger Waffen wie weißer Phosphor, abgereichertes Uran oder Streubomben. Es ist nicht der politische Islam, sondern der moralisch legitimierte »Krieg gegen den Terror«, der die Normen der Zivilisation zerstört. Die Brutalität

---

90 Vgl. Ruf, Werner: Politischer Islam – eine neue Befreiungsideologie?, in: ÖSFK (Hrsg.): Der Krieg der Armen? Der internationale Terrorismus in der Neuen Weltordnung, Münster 2005, S. 107-120, insbes. S. 115-117.

der Kriegführung, die gezielt darauf gerichtet ist, den Widerstand der Bevölkerung zu brechen, ist nichts anderes als Staatsterrorismus. Der damalige UN-Generalsekretär Kofi Annan hatte zur Vorbereitung der UN-Reform ein *High Level Panel on Threats and Challenges* eingesetzt, das zu folgendem Vorschlag für die Definition des Begriffs kam (Ziff. 164 des Berichts):

>»a) die Anerkennung dessen, (…) dass die Anwendung von Gewalt durch einen Staat gegen Zivilpersonen durch die Genfer Abkommen und andere Übereinkünfte geregelt wird und dass diese Gewalt, wenn sie entsprechende Ausmaße annimmt, ein von den betreffenden Personen begangenes Kriegsverbrechen oder ein Verbrechen gegen die Menschlichkeit darstellt;
>(…)
>d) die Beschreibung des Terrorismus als »jede Handlung, (…) die den Tod oder eine schwere Körperverletzung von Zivilpersonen oder Nichtkombattanten herbeiführen soll, wenn diese Handlung auf Grund ihres Wesens oder der Umstände darauf abzielt, die Bevölkerung einzuschüchtern oder eine Regierung oder eine internationale Organisation zu einem Tun oder Unterlassen zu nötigen«.[91]

Der Angriff auf die zivilisatorischen Errungenschaften, der mit Ausrufung des »*global war on terror*« geführt wird, kann man gut und gern global nennen: Der 2003 begonnene Krieg gegen den Irak wurde vom Zaun gebrochen nicht nur wegen des Öls und der geostrategischen Lage des Landes, er wurde auch geführt, um das »Recht« auf Kriegführung völkergewohnheitsrechtlich zu rehabilitieren und das Gewaltverbot der UN-Charta ein für allemal auszuhebeln.[92] Nicht zufällig jubelte Richard Perle, damals noch Vorsitzender des *defense policy board* des Pentagon, nach der Weigerung des UN-Sicherheitsrats, den USA einen Blanko-Scheck für diesen Krieg auszustellen: »Ich danke Gott dafür, dass die UNO tot ist.«[93]

---

91   Vereinte Nationen, Generalversammlung A/59/565, 2. Dezember 2004.

92   Ruf, Werner: Wir und die Anderen: Demokratischer Anspruch und hegemoniale Arroganz, in: Schweitzer, Christine: Demokratien im Krieg. AFK-Friedensschriften Bd. 31, Baden-Baden 2004, S. 127-144.

93   Frankfurter Rundschau, 28. März 2003.

6. Die NATO und ihr neues Feindbild Islam

Schon unmittelbar nach Ende des Ost-West-Konflikts gelang es im Westen, das neue Feindbild Islam als kollektive Bedrohung zu etablieren. Die Kulturalisierung von Konfliktakteuren ergibt sich geradezu zwangsläufig aus Huntingtons Paradigma – sie entspricht auch spiegelbildlich dem missionarischen Sendungsbewusstsein des George W. Bush: »Wir«, die Zivilisierten, kämpfen geben die bösen und barbarischen »Anderen«. Dieser schicksalhafte Kampf rechtfertigt dann auch die Wahl der Mittel, ist er doch als Kampf für das Gute essentiell moralisch gerechtfertigt.

Die systematische Verletzung völkerrechtlicher Normen, verbunden mit der terroristischen Kriegführung, der Rechtlosigkeit in den besetzten Ländern, der massenhaften Praxis von Entführungen und Folter produziert Hass, der nur Widerstand und Gewalt nähren kann. Der »Krieg gegen den Terror«, der selbst mit terroristischen Methoden geführt wird, gerät zu einem Unternehmen, das nichts Anderes bewirkt als die Förderung terroristischer Gewalt auf der Gegenseite. Der *Clash of Civilizations* gerät, wie Gilbert Achcar so treffend titelt, zu einem *Clash of Barbarisms*.[94]

Im hier verfolgten Zusammenhang stellt sich die Frage: War die NATO wirklich das westliche Verteidigungsbündnis gegen die kommunistische Bedrohung? Als sie 1949 gegründet wurde, stellte die Sowjetunion keine militärische Bedrohung für den Westen dar: Zu sehr war sie noch beschädigt durch die Verwüstungen, die der Vernichtungskrieg Nazi-Deutschlands hinterlassen hatte. Die Systemrivalität, die sich gleich nach Ende des Zweiten Weltkriegs herausbildete, resultierte aus dem Gegensatz zweier wirtschaftlich und politisch antagonistischer Systeme. Er nahm zum Anlass den möglicherweise wachsenden Einfluss der Sowjetunion in Griechenland, der Türkei und auf dem Balkan, wo antifaschistische Kräfte, die aus dem Widerstand gegen die deutsche Besatzung hervorgegangen waren, zunehmend an

---

94   Achcar, Gilbert: The Clash of Barbarisms. The Making of the New World
      Disorder. London 2006.

Gewicht gewonnen hatten. Ihren Interventionsanspruch formulierten die USA erstmals in der Truman-Doktrin vom 12. März 1947, die in dem doppelbödigen Satz gipfelte:

> »Ich glaube, es muss die Politik der Vereinigten Staaten sein, freien Völkern beizustehen, die sich der angestrebten Unterwerfung durch bewaffnete Minderheiten oder durch äußeren Druck widersetzen. Ich glaube, wir müssen allen freien Völkern helfen, damit sie die Geschichte auf ihre Weise selbst bestimmen können.«[95]

Entscheidender noch als die sowjetische Bedrohung mag die militärische Absicherung des unter kapitalistischen Vorzeichen vollzogenen Wiederaufbaus Westeuropas gewesen sein, wo damals in Frankreich und vor allem in Italien starke kommunistische Parteien existierten, deren Regierungsübernahme in demokratischen Wahlen nicht ausgeschlossen werden konnte.[96] Als ideologischer Kitt diente das tradierte Feindbild vom aggressiven und expansiven Kommunismus, der vor allem in der 1949 gegründeten Bundesrepublik Deutschland von Konrad Adenauer und den in seine Regierung übernommenen Alt-Nazis befördert wurde. Erst der Beitritt der BRD zur NATO (1955) bewirkte die Gründung der Warschauer Vertragsorganisation (WVO) und damit die Konfrontation zweier militärisch hoch gerüsteter Blöcke. Das so entstandene bipolare System bestimmte für rund vierzig Jahre die Weltpolitik – bis schließlich der so genannte Realsozialismus implodierte und die WVO sich auflöste: Feind und Feindbild waren schlagartig verschwunden.

Hier erhärtet sich die These: Wäre die NATO, wie vierzig Jahre lang behauptet, nur das Militärbündnis zur Verteidigung gegen die östliche Bedrohung gewesen, hätte sie sich 1991 ebenfalls auflösen müssen. Für den Fortbestand des Bündnisses mussten nun jedoch neue Begründungen gefunden werden. Die westlichen *Think Tanks*

---

95 http://www.americanforeignrelations.com/A-D/Doctrines-The-truman-doctrine.html [07.11.11].

96 Ruf, Werner: Die NATO – Ein Sicherheitsrisiko?, in: ÖSFK/Ronald Tuschl: Auf dem Weg zum neuen Kalten Krieg? Friedensbericht 2009, Wien/Berlin 2009, S. 48-63.

entdeckten sie in den schon oben genannten »Neuen Risiken«: Ökologische Bedrohungen, internationale Kriminalität, Migration und –
vor allem – Terrorismus und religiöser Fanatismus. Die Bekämpfung
dieser »Risiken« dient zugleich als Vorwand für den seither konsequent vorangetriebenen globalen Interventionsanspruch des Bündnisses.[97] Auch die um die DDR erweiterte Bundesrepublik Deutschland
meldete zu jenem Zeitpunkt ihre weltweiten Interessen an: In den
Verteidigungspolitischen Richtlinien vom 26. Nov. 1992 definierte der
damalige Verteidigungsminister Volker Rühe die Sicherung der weltweiten Transportwege als sicherheitspolitische Aufgabe Deutschlands.

Schon während des Ost-West-Konflikts war der Islam instrumentalisiert worden als wichtige ideologische Gegenkraft gegen den
»atheistischen Kommunismus«. Islamistische Bewegungen wurden
gefördert als Opposition gegen die Sowjetunion oder aber als innen-
politische Gegenbewegungen gegen Regime, die gute Beziehungen
zur Sowjetunion pflegten und einen mehr oder weniger an sozialistischen Modellen orientierten Umgestaltungsprozess ihrer eigenen
Gesellschaften betrieben. Dies galt vor allem für das nasseristische
Ägypten, für die algerische Befreiungsbewegung FLN, für die baathis-
tischen Regierungen des Irak und Syriens. Im Gegenzug unterstützten die USA Saudi-Arabien und die Golfstaaten, aber auch die
»gemäßigten« Staaten Marokko, Tunesien, Jordanien. Unterstützung
erhielten auch die Muslimbrüder in den Staaten des Nahen Ostens,
die algerische Islamische Heilsfront Ende der 80er Jahre, an vor-
derster Stelle aber die gegen die sowjetische Präsenz in Afghanistan
kämpfende islamistische Guerilla.

Auch die konservativen arabischen Regime unterstützten die islamistischen Bewegungen in ihren Ländern, wo an den Universitäten
linke und säkulare Gruppen zu einer gefährlichen Opposition zu werden drohten, um eine Gegenkraft gegen die Studentenbewegungen
aufzubauen. In diesem Kontext gehört auch die Unterstützung der aus
der Muslimbruderschaft hervorgegangenen Hamas in Palästina durch

---

97 Strutynski, Peter: Die Globalisierung der NATO – oder: Die Militarisierung
   des Globus, in: ÖSFK / Tuschl, a. a. O., S. 64-87.

die israelische Regierung[98], die sich davon eine Schwächung der PLO erhoffte – was zumindest langfristig Früchte trug.

Eine erste, »den Islam« zum Feindbild erhebende Interpretation eines zwischenstaatlichen Konflikts ergab sich zu Beginn der Iranischen Revolution und mit der Geiselnahme US-amerikanischer Diplomaten in Teheran. Sie blieb jedoch zunächst auf den schiitischen Islam und die feindlichen Beziehungen zwischen einerseits Washington und Riad und Teheran andrerseits beschränkt. Die entscheidende Zäsur erfolgte mit dem Rückzug der Sowjetunion aus Afghanistan und der Krise um Kuwait 1990/91 und dem darauf folgenden 2. Golfkrieg, der zusammenfällt mit dem Austritt der Sowjetunion aus der Weltgeschichte, sah sich diese doch nicht mehr in der Lage, die Anti-Irak-Resolutionen des UN-Sicherheitsrates zu verhindern.[99]

Dass gerade der säkulare Saddam Hussein für die Schaffung des neuen Feindbildes herhalten musste, erscheint eher als Ironie der Weltgeschichte. Wie schnell, ja beinahe nahtlos dieser Wechsel im Feindbild vom verschwundenen Kommunismus zum Feindbild Islam vor sich ging, zeigen die einschlägigen Formulierungen im französischen Verteidigungsweißbuch von 1994, wo festgestellt wird:

> »Der islamistische Extremismus stellt ohne Frage die beunruhigendste Bedrohung dar. (...) Er nimmt oft den Platz ein, den der Kommunismus innehatte als Widerstandsform gegen die westliche Welt.«[100]

Ähnlich formulierte wenig später der damalige NATO-Generalsekretär Willi Claes, als er feststellte, dass der islamische Fundamentalismus möglicherweise eine größere Bedrohung darstelle, als dies der Kommunismus gewesen sei.[101] Dass eine derart schnelle (Wieder-) Be-

---

98   Baumgarten, Helga: Hamas. Der politische Islam in Palästina. Kreuzlingen/ München 2006, S. 76.

99   Vgl. dazu auch Werner Ruf: Die neue Welt-UN-Ordnung. Vom Umgang des Sicherheitsrates mit der Souveränität der Dritten Welt, Münster 1994, insbes. S. 66-121. Ferner s. oben das Zitat von Reinhard Schulze.

100   République Française: Livre blanc sur la Défense, Paris 1994, S. 18.

101   Interview mit der britischen Tageszeitung The Independent vom 8. Februar 1995.

lebung des Feindbildes Islam möglich war, dürfte im Wesentlichen zwei Gründe haben:

1. Die Latenz eines lange vorhandenen Feindbildes, das seine Wurzeln in alten antisemitischen Klischees und in den Legitimationsmustern imperialistischer Dominanz hat, wie sie bereits Edward Said, Aziz al-Azmeh und viele Andere so treffend beschrieben haben.

2. Die mit der Globalisierung einhergehenden Prozesse, in deren Folge nicht nur staatliche Handlungsspielräume schrumpfen, sondern auch durch die Transnationalisierung der Ökonomie und durch Prozesse der Migration und multikulturelle Lebensformen neue gesellschaftliche Herausforderungen entstehen. Sie können im Sinne der »neuen Risiken« und der daraus entwickelten Debatte über den erweiterten Sicherheitsbegriff[102] auch als Sicherheitsgefährdungen für »unsere« Gesellschaft interpretiert werden.

Zur historisch-literarischen Figur der identitären Sinnstiftung wurden schon im 19. Jahrhundert historische Konstellationen instrumentalisiert[103] und »der Orientale« wurde im »Abendland« zu einer Bedrohung transformiert, die sich – von den Kreuzzügen über die antijüdischen und antimuslimischen Tiraden eines Martin Luther (s. unten) und den Konflikten mit dem Osmanischen Reich – bis ins 19. Jahrhundert hinzog, als Kolonialismus und Imperialismus ihre technische, ökonomische und militärische Überlegenheit auch dadurch kulturell-ideologisch absicherten, dass sie den »Anderen«, nämlich den Orientalen, zum kulturell, ja rassisch minderwertigen Menschen erklärten.[104]

---

102 Ruf, Werner: Islam: A New Challenge to the Security of the Western World, in: Ruf, Werner (Hrsg.): Islam and the West, a. a. O., S. 41-54; Ders.: Muslime in den Internationalen Beziehungen – das neue Feindbild, in: Schneiders (Hrsg.), a. a. O, S. 121-129.

103 Berman, Nina: Orientalismus, Kolonialismus und Moderne, Stuttgart 1996.

104 Vgl. hierzu exemplarisch Edward Said: Orientalism, Western Conceptions of the Orient, London 1978.

Es ist genau dieses Bild kulturell (oder vielleicht gar genetisch?) bedingter Unfähigkeit, das von Samuel Huntington wieder aufgegriffen wurde, wenn er in seinem flammenden Appell »*The West unique, not universal*«[105] mit großem Nachdruck darzulegen versucht, dass Werte wie Menschenrechte und Demokratie oder Eigenschaften wie Rationalität ausschließlich Spezifika des Westens seien und daher gar nicht universell sein könnten. Deshalb müsse der Westen endlich aufhören, diese nur innerhalb seines Kulturkreises möglichen Prinzipien auf andere Kulturkreise ausdehnen zu wollen: Dies sei ein aufgrund der Verschiedenheit der Kulturen nutzloses Unterfangen.

An diesem Punkt schließt sich der Kreis, der die Wiederbelebung alter Klischees für heutige praktische Politik verwendbar macht, wenn Samuel P. Huntington in seinem zeitgerecht 1993 erschienen Aufsatz *The Clash of Civilizations?*[106] die Kulturen als die wichtigsten Konfliktakteure des 21. Jahrhunderts benennt und den Islam als die gefährlichste bezeichnet: »*Islam has bloody borders*«. Daraus leitet er den dringenden Ausbau der militärischen Überlegenheit des Westens ab. Übersetzt in die etwas schlichtere Sprache eines deutschen Militärs lautet dann die aus der neuen Weltlage zu ziehende Schlussfolgerung:

> »Abschreckung war bisher bestimmt von rationaler abendländischer Logik, wenn auch im Osten ideologisch geprägt. Nach dem Ende des Ost-West-Konflikts und dem Wegtreten einer Welt- und Ordnungsmacht ist dies jetzt anders. Ausgangspunkte künftiger Konflikte sind Irrationalität, nicht vorhandenes Risikobewusstsein und nahezu unbegrenzte Risikobereitschaft. Abschreckung in der klassischen Form kann und wird daher schlicht nicht mehr funktionieren, zumindest nicht, um vom Einsatz konventioneller Waffen abzuhalten. (...) Sicherheit bedeutet dann nicht nur die territoriale Integrität und den Schutz vor direkten militärischen Angriffen, sondern beinhaltet – weiter gespannt – den Erhalt unserer Werteordnung und des politischen, wirtschaftlichen oder sozialen Systems.«[107]

---

105 So der Titel seines Aufsatzes in Foreign Affairs, Nov./Dez. 1996, S. 28-46.

106 Foreign Affairs, Sommer 1993, S. 22-49.

107 Hansen, Helge (damals Inspekteur des Heeres): »Das deutsche Heer auf dem Weg in die Zukunft«, Rede vor der Gesellschaft für Wehr- und Si-

Damit ist die Brücke geschlagen vom internationalen System zur Bedrohung unserer Gesellschaft und Lebensweise. Die westliche »Wir«-Sicht zeichnet sich aus durch ein Begriffsgemenge, das alte, aus den rassistischen Paradigmen des 19. Jahrhunderts stammende Vorstellungen verquirlt mit neuen Bedrohungsvorstellungen, die nun nicht mehr in den Formen klassischer militärischer Bedrohungen erscheinen, also nicht mehr als Konflikte zwischen territorial verfassten Nationalstaaten gedacht werden können, sondern eben auch »*den Erhalt unserer Werteordnung und des politischen, wirtschaftlichen oder sozialen Systems*« beinhalten. Diese Erweiterung des Sicherheitsbegriffs weg von der Territorialität und hin zu einem transnationalen gesellschaftlichen Konflikt kennzeichnet das Ende der Bipolarität. Zugleich scheint sie den neuen globalen Verhältnissen Rechnung zu tragen: Die islamische Bedrohung ist dank der Migration auch zu einer Gefahr des Fortbestands unseres Gemeinwesen, unserer Wertordnung, unserer Identität stilisiert worden. In diesem Bedrohungsszenario vermengen sich zwei der genannten »neuen Risiken«, Terrorismus und Migration, stammen doch die meisten Migranten aus islamischen Ländern. Sie bilden den Hintergrund für rechtspopulistische Kampfschriften, wie sie schon 1991 (!) der damalige Vorsitzende des Auswärtigen Ausschusses Hans Stercken lieferte, indem er die Migration als Bedrohungspotenzial definierte:

> »Niemand kann eine schlüssige Antwort auf die Frage geben, was denn die steigende Überbevölkerung dieser Welt für die Stabilität innerhalb und zwischen den Kontinenten künftig nach sich ziehen könnte. Was bedeuten die Bevölkerungsexplosion im Norden Afrikas und die neue *hedschra*[108], die schon Millionen Menschen aus diesem Lebensraum nach Italien, Spanien und Frankreich in Bewegung gesetzt hat.«[109]

---

cherheitspolitik. Koblenz 15.04.1993, in: Presse- und Informationsamt der Bundesregierung: Stichworte zur Sicherheitspolitik, Nr. 5/1993, S. 34 f.

108 Die hedschra war die Flucht des Propheten von Mekka nach Medina. Sie ist zugleich der Beginn der islamischen Zeitrechnung.

109 Stercken, Hans: »Die Außen- und Sicherheitspolitik des souverän gewordenen Deutschland«, in: Stichworte zur Sicherheitspolitik, Nr. 9/1991, S. 16-18.

Es ist diese nun schon mehr als 20 Jahre gepflegte Mischung aus Angst
und Xenophobie, die letztlich die Popularität der jüngsten Publikationen von Henryk M. Broder und Thilo Sarrazin erklärt.

In das gut vorbereitete Klima der Angst platzten dann die Anschläge des 11. September 2011, die den endgültigen Beweis für die globale Bedrohung unserer freiheitlich-westlichen Gesellschaftsordnung
durch die dem Islam innewohnende terroristische Gewalt zu liefern
schienen. Sie nähren seither nicht nur die anti-islamische Hysterie in
den westlichen Gesellschaften, sie dienten auch als Begründung für
den durch den US-Präsidenten George W. Bush ausgerufenen »Krieg
gegen den Terror«, der sich allerdings nicht gegen das wahabitische
Saudi-Arabien richtete, aus dem 12 der 19 Attentäter stammten, sondern zur Besetzung Afghanistans und zu einem vernichtenden Krieg
gegen den Irak führten.

In beiden Fällen lieferte die Bekämpfung des Terrorismus den Vorwand, Kriegsziel war jedoch, wie schon im 2. Golfkrieg, die Sicherung
geostrategischer Interessen: Die Erdölreserven des Irak wurden den
Interessen der Ölkonzerne zugänglich gemacht, Afghanistan, selbst
reich an Rohstoffen, ist der zentrale Ort für die Kontrolle der Ressourcen Mittelasiens und ihrer Transportwege.[110] Demselben Ziel dient
auch die Gründung eines militärischen Oberkommandos für den af-
rikanischen Kontinent, *African Command*, kurz africom, das gleichfalls
unter dem Vorwand der Terrorismus-Bekämpfung der Kontrolle der
Ressourcen des Schwarzen Kontinents dient – im Wettlauf mit den
aufsteigenden Mächten China, aber auch der EU.[111]

Terrorismus bleibt nach wie vor ein völkerrechtlich ungeklär-
ter, aber moralisch aufgeladener Begriff, der je nach Interessenlage
politischen Gegnern angeheftet werden kann. Es ist gerade die Un-

---

110 Ruf, Werner: Afghanistan im Fadenkreuz der Geostrategie, in: spw – Zeit-
     schrift für sozialistische Politik und Wirtschaft, Nr. 176 (Heft 1/2010), S. 32-
     37.

111 Ruf, Werner: Terroristenbekämpfung oder Ressourcensicherung? Afrika im
     Visier der USA, in: Luedtke, Ralph M. / Strutynski, Peter (Hrsg.): Deutsch-
     land im Krieg. Transatlantischer Imperialismus, NATO und EU, Kassel
     2009, S. 206-226.

bestimmtheit dieses Begriffs, die ihn für die politische Praxis so handhabbar macht. Die in zwanzig Jahren politisch und medial geschaffene diffuse Verschmelzung des Begriffs Terrorismus mit einer Religion ist so gelungen, dass Muslime unter Generalverdacht gestellt werden können und terroristische Akte – wie beispielsweise in Oslo – spontan islamistischen Tätern zugeordnet werden. Auch die NATO nutzt den Begriff weiterhin, um einen inzwischen von den Bündnisgrenzen befreiten und weltweit gültigen »Verteidigungsauftrag« zu begründen, wenn sie etwa in Ziff. 10 ihres jüngsten strategischen Konzepts (Lissabon am 19. November 2010) lapidar formuliert, dass Terrorismus »eine direkte Bedrohung der Staatsbürger der NATO-Staaten« darstellt – also den Verteidigungsfall nach Art. 5 des NATO-Vertrags auslösen kann.[112]

Dass die mit der Begriffsassoziation »Islam« und »Terror« einhergehende Vorstellung von Sicherheit und Verteidigung geradezu zwangläufig die Entgrenzung des Sicherheitsbegriffs von der Sicht auf Staatlichkeit hin auf die Gesellschaft befördert und Sicherheit zu einer globalen Herausforderung macht, schafft die Hintergrundfolie für die nicht mehr auf das Territorium des Bündnisses bezogene, sondern global vorgegebene Verantwortung der NATO für weltweite »Friedenssicherung«. Der »global war on terror« wird so zur Legitimation eines militärisch abgesicherten globalen westlichen Herrschaftsanspruchs.

Die Jahreswende 2010/2011 hat dieses schon immer falsche, aber zum allgemein gültigen Paradigma erhobene Konstrukt in einen Scherbenhaufen verwandelt: Nicht zu Unrecht sieht Noam Chomsky den Beginn der arabischen Revolten – von der *Frankfurter Allgemeinen Zeitung* unter dem Kürzel »Arabellion« gefasst – in der marokkanisch besetzten West-Sahara.[113] Dort hatten die Menschen aus Protest gegen

---

112 »Terrorism poses a direct threat to the security of the citizens of NATO countries, and to international stability and prosperity more broadly. Extremist groups continue to spread to, and in, areas of strategic importance to the Alliance (…)«, unter http://www.nato.int/lisbon2010/strategic-concept-2010-eng.pdf [07.11.11].

113 www.democracynow.org [17.02.11].

ihre Unterdrückung außerhalb der Hauptstadt al Ayoun ein riesiges
»Lager der Würde« aufgeschlagen, das dann von den marokkanischen
Sicherheitskräften brutal vernichtet wurde, es gab zahlreiche Tote
und Verletzte. Es folgten die Volksaufstände in Tunesien, Ägypten
und im Rest der arabischen Welt. Gemeinsam ist diesen Aufständen
der Kampf gegen die Jahrzehnte lange Herrschaft vom Westen aus-
gehaltener repressiver und korrupter Diktatoren, der Ruf nach Würde, Freiheit, Selbstbestimmung, Demokratie. Was die Menschen in
den arabischen Ländern fordern, ist das genaue Gegenteil dessen,
was Huntington und seine Apologeten zum Kern ihrer »Theorie« erhoben hatten, die Unvereinbarkeit zwischen Demokratie und Islam.
Muslimische Identität wurde von diesen Jüngern des Orientalismus
auf eine einzige Eigenschaft reduziert, die Religion. Und diese musste – ganz im Sinne der alten Definition von Ernest Renan – dafür
herhalten, den Muslimen nicht nur jede Fähigkeit zu rationalem
Denken, sondern auch die Demokratiefähigkeit schlechthin abzu-
sprechen.

Die arabischen Revolten haben gezeigt, dass die Menschen
für ihre elementaren Rechte auf die Straße gehen, dass »Würde«
zwar auch die bürgerlichen Menschenrechte meint, jedoch nicht reduziert werden kann auf politischen Pluralismus und Meinungsfreiheit, sondern einen harten materiellen Kern beinhaltet: Das Leben
unter menschenwürdigen Bedingungen, die basieren auf einem die
Grundbedürfnisse deckenden Lohn, auf dem Recht auf eine men-
schenwürdige Wohnung, auf den Voraussetzungen für die Ausbil-
dung und für Berufsperspektiven der Kinder. Die Demonstranten
waren und sind Demokraten, Gläubige und Säkulare, Ärzte, Richter,
Arbeiter und Arbeitslose, Frauen und Männer, vor allem Jugendli-
che, kurz das Volk. Und darin unterscheiden sie sich nicht nennens-
wert von jenen Demonstranten, die in Athen oder Madrid, ja sogar
in Tel Aviv auf die Straße gehen und rufen »Marschieren wir, wie die
Ägypter!« Und sie fordern Demokratie nicht als Formalie, sondern
im grundlegenden Sinne der Selbstbestimmung über die eigenen An-
gelegenheiten.

Wenn richtig wäre, was Barack Obama in seiner berühmten Rede

in Kairo unter dem Titel »*A New Beginning*«[114] sagte, dass die USA
keinen Krieg gegen den Islam führten, müssten hieraus endlich die
Konsequenz gezogen werden und das enorme Potenzial erkannt werden, das im Streben der arabischen (und nicht nur dieser) Gesellschaften nach Würde liegt. Das würde allerdings zweierlei voraussetzen:
Erstens, dass der Westen diesen Völkern tatsächlich die Ausgestal-
tung ihres Gemeinwesens nach deren eigenem Gutdünken gestattet,
wonach es ein Jahr nach Beginn der Revolten und dem Krieg in Li-
byen sowie angesichts der Drohungen gegen Syrien nicht aussieht;
und zweitens, dass das Huntingtonsche Paradigma vom Kampf der
Kulturen endlich als Folie für politische Entscheidungsfindung auf
den Müllhaufen der Geschichte gekehrt wird, wie es selbst Alvaro de
Vasconcelos, Direktor des militärpolitischen *Think Tanks* der EU, in
einem brillanten Plädoyer fordert.[115] Dies jedoch ist leichter gesagt als
getan: Nicht nur wird es schwer fallen, ein über Jahrzehnte aufgebau-
tes Feindbild zu demontieren. Dahinter steht auch die fatale Frage,
welche Legitimität der NATO bliebe, wenn sie zum zweiten Mal ihren
Feind verlöre.

7. Orient – Okzident: Eine Geschichte der Kriege?

Als konstitutiv für die Geschichte des Abendlands und für das Feind-
Verhältnis von Christentum und Islam gelten die Kämpfe zwischen
Sarazenen und Franken, die in der »Schicksalsschlacht« von Tours
und Poitiers im Jahre 732 endeten und der Expansion der Mauren

---

114 http://www.google.de/url?sa=t&rct=j&q=obama%20speech%20cairo&
     source=web&cd=3&ved=0CDcQFjAC&url=http%3A%2F%2Fwww.inde-
     pendent.co.uk%2Fnews%2Fworld%2Fmiddle-east%2Ffull-text-of-obamas
     -cairo-speech-1696792.html&ei=JLa6Tpu5J4TfsgbVwa2jBg&usg=AF-
     QjCNEeKodtMK28jJuZFQXmB6oIDd8OcQ [07.11.11].

115 Vasconcelos, Alvaro de: The Post-Huntington Revolutions, in: EUISS –
     European Union Institute for Security Studies, Issues Nr. 35, Mai 2011.

oder Sarazenen, so die gängige Geschichtsdeutung, ein Ende setzten.
An dieser offiziellen Version mehren sich inzwischen Zweifel: Nicht
nur wurden in dem großen Raum zwischen den beiden Städten keine nennenswerten archäologischen Funde gemacht, die auf eine gro-
ße Schlacht schließen ließen, auch die Chronisten, auf die sich die
Geschichtsdeutung bezieht, erscheinen inzwischen als zweifelhaft.[116]
Jenseits des mythischen Datums der Schlacht von 732 spielten und
spielen die Eroberung der iberischen Halbinsel durch die Araber (in
Wirklichkeit waren es wohl islamisierte Berber) und die knapp 800
Jahre später abgeschlossene »Rückeroberung« (*reconquista*) eine zentrale Rolle im Narrativ christlich-abendländischer Identitätsbildung.
So übernimmt auch Singer[117] die gängige These vom Übersetzen von
etwa 7.000 Reitern aus dem Maghreb auf die iberische Halbinsel. Der
Felsen von Gibraltar (*Dschebel Tariq*), wo der Heerführer Tariq ibn Zi-
yad landete, trägt bis heute seinen Namen. Wieso das riesige Gebiet
der Halbinsel binnen zwei Jahren nahezu kampflos islamisiert werden
konnte, bleibt allerdings auch für Singer schwer erklärbar:»Der Zusammenbruch, die ›*pérdida de Espana*‹ löste ein Trauma aus, das in
mancher Hinsicht bis heute nicht geheilt ist. Eine völlig überzeugende
›Erklärung‹ wird wohl nie gefunden werden.«[118]

Wie groß die Zahl der nordafrikanischen Reiter war, wird wohl
immer im Dunkeln bleiben. Olagüe spricht von höchstens 3.000, und
stellt sodann fest:

---

116 Der spanische Jesuit Ignacio Olagüe hat in einer minutiösen quellenkriti-
     schen Studie nachzuweisen versucht, dass nicht nur die muslimische Er-
     oberung der iberischen Halbinsel ein Mythos ist, sondern auch dass die
     »Entscheidungsschlacht« von Tours und Poitiers so nie stattgefunden hat,
     sondern wahrscheinlich nur eines der vielen Scharmützel zwischen einer
     sarazenischen Karawane und fränkischen Bewaffneten war. Vgl. Olagüe,
     Ignacio: Les Arabes n'ont jamais envahi l'Espagne, Paris 1969.

117 Singer, Hans-Rudolf: Der Maghreb und die Pyrenäenhalbinsel bis zum
     Ausgang des Mittelalters, in: Haarmann, Ulrich: Geschichte der Ara-
     bischen Welt, 4., überarbeitete und erweiterte Auflage, München 2001,
     S. 264-322.

118 Singer, a. a. O., S. 265.

»Weiterhin zu glauben, dass (wirtschaftlich) fruchtbare und hoch zi-
vilisierte Völker einfach ihren Glauben aufgegeben und ihre Sitten
verändert hätten, weil eine Handvoll Nomaden, die aus der Wüste
kamen, sie unterworfen hätten, entspricht einer kindischen Vorstellung über das soziale Leben. Der militärische Aspekt der Ereignisse
muss auf seine geringe Rolle reduziert werden (und gehört ins Reich)
der kleinen Anekdoten des täglichen Lebens. Das Problem muss auf
der kulturellen Ebene begriffen werden. Es gab keine militärische Ag-
gression, sondern eine revolutionäre Krise.«[119]

Diese hatte wohl zwei entscheidende Grundlagen: Zum einen die re-
pressive und ausbeuterische Wirtschaftsordnung der westgotischen
Herrschaft, der gegenüber die islamische Eigentumsordnung als ge-
rechter erschien und vor allem den kleinen Bauern den Nutzen ihrer
Produkte sicherte. Zum anderen hingen die Einwohner der iberischen
Halbinsel dem Arianismus[120] an und lehnten die Trinitäts- (Dreieinig-
keits-)Lehre ab. Im strengen Monotheismus des Islam fanden sie die
Bestätigung ihres Glaubens.

Der nächste Konflikt, der für das Identitätsverständnis von Orient
und Okzident konstitutiv ist, waren die Kreuzzüge. Während sie in
westlicher Lesart noch immer oft als Höhepunkte mittelalterlicher Rit-
terlichkeit erscheinen, waren sie in Wahrheit ein barbarisches Unternehmen: Der unten ausführlicher erwähnte Gottfried von Bouillon
nahm im ersten Kreuzzug schließlich (1099) Jerusalem ein.[121] Die Eroberung Jerusalems war begleitet von einem fürchterlichen Blutbad,
dem nicht nur muslimische und jüdische Einwohner der Stadt zum
Opfer fielen, sondern auch christliche. Frauen, Kinder, Kranke, Alte

---

119 Olagüe, a. a. O., S. 51.

120 Es geht hier um das arianische Schisma, die erste Kirchenspaltung. Der
     Konflikt basiert auf dem im frühen 4. Jh. begonnenen Streit über die Got-
     tesnatur Jesu. Die Arianer (nach einem ihrer frühen Vordenker Arius) er-
     kannten nur einen Gott an, Jesus ist für sie eine Kreatur Gottes. Der Streit
     wurde unter massivem Druck des Römischen Kaisers Augustinus auf dem
     Konzil von Nicäa (325) zugunsten der Vertreter der Trinitätslehre entschie-
     den, der Arianismus als Häresie verurteilt.

121 http://www.kreuzzug.de/zeittafel_kreuzzuege/zeittafel_der_kreuzzuege.
     php [17.12.11].

wurden erbarmungslos abgeschlachtet, knöcheltief stand das Blut in der Stadt. Danach gingen die Kreuzritter demütig und barfuss ans Heilige Grab, knieten nieder und beteten.[122] Akte von Kannibalismus hatten den Zug des Kreuzfahrerheers auf dem Weg durchs »Heilige Land« begleitet.[123]

Die Verklärung der Horrortaten der Kreuzzügler ist nicht auf die katholische und die evangelische Kirche beschränkt, sie findet sich auch wieder im deutschen Nationalismus, wie beispielsweise in dem Gedicht Ludwig Uhlands »der wackere Schwabe«, das lange Zeit zur Pflichtlektüre (zumindest) in baden-württembergischen Schulen gehörte. Mit seinem »frommen Heer« zog Kaiser Rotbart ins Heilige Land. Da war auch der »Herr aus Schwabenland«, der sich ob der Gelegenheit flugs in einen »Deutschen« verwandelt:

> »Der wackre Schwabe forcht sich nit,
> ging seines Weges Schritt vor Schritt,
> ließ sich den Schild mit Pfeilen spicken
> und tät nur spöttisch um sich blicken,
> bis einer, dem die Zeit zu lang,
> auf ihn den krummen Säbel schwang.
> Da wallt dem Deutschen auch sein Blut,
> er trifft des Türken Pferd so gut,
> er haut ihm ab mit einem Streich
> die beiden Vorderfüß' zugleich.
> Als er das Tier zu Fall gebracht,
> da fasst er erst sein Schwert mit Macht,
> er schwingt es auf des Reiters Kopf,
> haut durch bis auf den Sattelknopf,
> haut auch den Sattel noch zu Stücken
> und tief noch in des Pferdes Rücken;
> zur Rechten sieht man wie zur Linken,
> einen halben Türken heruntersinken.
> Da packt die andern kalter Graus;
> sie flieh'n in alle Welt hinaus.«

---

122 http://www.fys-online.de/wissen/ge/kreuzzug1.htm [17.12.11].

123 http://www.kreuzzug.de/zeittafel_kreuzzuege/zeittafel_der_kreuzzuege. php [17.12.11].

Dem abendländischen Feindbild des 19. Jahrhunderts entsprechend war es natürlich ein »Türke«, der den deutschen Ritter angriff. Die Türken lebten jedoch in Anatolien, weit weg von Palästina.

Ein weiterer Höhepunkt in der Auseinandersetzung mit dem Orient waren die Kriege zwischen dem Reich der Habsburger und dem der Osmanen, popularisiert durch die Schlacht vor Wien im Jahre 1683. Gemeinhin steht dieses Ereignis unter der Überschrift »Die Türken vor Wien«. Ein ZDF-Dokumentarfilm von 2011[124] spricht von der Belagerung des »katholischen Wien«, abwechselnd und sinngleich werden Osmanen und »Türken« und die »türkische Großmacht« genannt. Diese Schlacht, vielfach als Entscheidungsschlacht zwischen Christentum und Islam bezeichnet, war der Höhepunkt einer imperialen Auseinandersetzung zwischen den beiden Reichen. Die Truppen der Osmanen waren beileibe keine »Türken«, sondern Soldaten aus dem gesamten Reich, dem verschiedene, ethnisch unterschiedliche Völker angehörten: Die Türkei als (ethnischer) Nationalstaat existiert erst seit Ende des Ersten Weltkriegs und zeichnet sich gerade dadurch aus, dass fast alle nicht-türkischen Territorien (außer türkisch Kurdistan), also neben nahezu allen europäischen Gebieten praktisch der gesamte Nahe Osten, verloren gingen und so das »Türkentum« staatstragend wurde. So gut wie nicht beachtet werden in der Darstellung der Kriege zwischen Osmanen und Habsburg die Gräueltaten und die bestialische Kriegführung von Prinz Eugen, »dem edlen Ritter«, der als eine Art Condottiere das osmanische Heer schließlich auf dem Balkan vernichtend schlug. Eine späte Ehrung erhielt der »edle Ritter« von den Nazis, die die 7. Freiwilligen-Division der Waffen-SS nach ihm benannten.

Beeindruckend an dieser Art von Literatur und Geschichtsdarstellung ist die grundsätzliche Deutung dieser drei großen Konflikte als primär religiöse Auseinandersetzungen. Die wirtschaftlichen und sozialen Gründe sowohl der Islamisierung der iberischen Halbinsel wie der Kreuzzüge (soziale Situation in Mitteleuropa, Kontrolle des

---

124   http://www.zdf.de/ZDFmediathek/beitrag/video/1411930/Vorschau-Die-Tuerken-vor-Wien#/beitrag/video/1411930/Vorschau-Die-Tuerken-vor-Wien [17.12.11].

Gewürz- und Seidenhandels in der Levante) wie die imperialen Rivalitäten zwischen Habsburgern und Osmanen bleiben ausgeblendet. Zugleich werden die Konfliktparteien in der nationalistischen Sprache des 19. Jahrhunderts »nationalisiert«: Während der Kreuzzüge gab es keine »Türken«, die »halbiert vom Pferde sinken« konnten, und vor Wien standen nicht »die Türken«, sondern die Osmanen, die über ein riesiges multi-ethnisches und multi-religiöses Reich herrschten, aus dem sie auch ihre Krieger bezogen.

Es sind nicht die Kriege zwischen den Kulturen und/oder den Religionen, die seit anderthalb Jahrtausenden – also seit Beginn der islamischen Zeitrechnung – den Lauf der Geschichte bestimmten, wie Samuel Huntington behauptete. Eine seriöse Zählung der bewaffneten Konflikte in diesen anderthalb Jahrtausenden käme wohl mit Sicherheit zu dem Schluss, dass Kriege und Gemetzel innerhalb der »Christenheit« – wie innerhalb der islamischen Welt – wohl sehr viel häufiger waren als die Kriege zwischen von den beiden Religionen beherrschten Gebieten: Man denke nur an die unendlichen Kriege des Mittelalters, den Hundertjährigen Krieg in Frankreich, die Religionskriege, den Dreißigjährigen Krieg, die Kriege Napoleons, die deutsch-französischen Kriege, vielleicht auch an die beiden Weltkriege – von den Kolonialkriegen ganz zu schweigen, die »der Westen« auch gegen die islamische Welt führte und denen Millionen Menschen zum Opfer fielen.[125]

Eine andere Lesart wäre möglich gewesen – lange schon vor Goethes *West-Östlichem Diwan* oder vor Lessings *Nathan der Weise*: Da sind die Beziehungen zwischen Karl dem Großen und dem Khalifen Harun ar-Rachid, die gegenseitig Geschenke tauschten. Da entstand während der Kreuzzüge und fast zeitgleich mit dem blutrünstigen Rolandslied – vermutlich im 1. Jahrzehnt des 13. Jahrhunderts – Wolfram von Eschenbachs Parzival: Dort begegnen sich Parzival und Feirefiz, beide ritterlichen Geblüts und, wie sich herausstellt, Söhne desselben Vaters. Daher können sie sich gegenseitig nicht besiegen. Feirefiz, hervorgegangen aus einer Verbindung ihres gemeinsamen

---

125 Todenhöfer, Jürgen: Feindbild Islam. Zehn Thesen gegen den Hass, München 2011.

Vaters Gamured mit einer Orientalin, hat eine schwarz-weiß gefleckte Haut »wie eine Elster«. In der Darstellung erscheint »der Heide«, was den Besitz ritterlicher Tugenden angeht, dem Parzival sogar um eine Kleinigkeit überlegen. Gleichheit und Ebenbürtigkeit waren in der Blütezeit des Feudalismus eine Frage des Standes, der Geburt, nicht des Glaubens oder der Rasse. Im Kampf der beiden spielt die Religion bestenfalls eine Nebenrolle, entscheidend sind die ritterlichen Tugenden. Auch eine Geschichtsdeutung im Sinne von Kooperation, wie sie ja im Mittelalter existierte, wäre möglich.

Die vielen Interaktionen zwischen der islamischen und der (west-)christlichen Welt bleiben auch im Geschichtsunterricht unterbelichtet, im öffentlichen Bewusstsein spielen sie gleich gar keine Rolle, obwohl das »Abendland« durch diesen Kulturkontakt die griechische Philosophie (wieder) entdeckte, die medizinische Wissenschaft, die Hygiene, die Astronomie und die Mathematik aus Andalusien ihren Weg nach Mitteleuropa nahmen. Ohne alle diese Erkenntnisse und wissenschaftlichen Methoden wäre die Entwicklung der Naturwissenschaft und Technologie im Europa der Neuzeit und danach anders und wohl viel langsamer verlaufen. Es mag auch an der Darstellungsform der Geschichte liegen, dass historische Prozesse immer als Abfolge von Kriegen gedacht und nach Kriegen periodisiert werden (»*der Krieg Vater aller Dinge*«). Dagegen spielen Menschheitsentwicklungen, Kooperation und Austausch in unserer Weltsicht eine nur geringe Rolle. Solche Prägungen machen dann ein historisch wie empirisch unhaltbares Paradigma wie Huntingtons Kampf der Kulturen – und seine enorme Popularisierung – zum plausiblen Paradigma der Welterklärung.

8. Die Mär vom »christlich-jüdischen Erbe« des Abendlandes

Recht plötzlich wurde die Debatte über »Wir« und die »Anderen« jüngst durch eine imaginäre jüdische Komponente erweitert, und dabei wird so getan, als ob es sich um ein historisches Faktum hand-

le.[126] Verständlich – ja erfreulich – mag dies sein, werden nach Jahrhunderte langer Verfolgung, die in Auschwitz gipfelte, doch endlich
»die Juden« zum Teil unseres ach so christlichen (und schon immer
humanistischen) Abendlandes befördert und also als Teil der zivilisierten Welt definiert. Die jüdische Theologin Almuth Bruckstein
Çoruh hat die Verlogenheit dieser Debatte mit treffenden Worten
gegeißelt:

> »Es stockt einem der Atem bei so viel Geschichtsvergessenheit. Es ist
> gruselig, mit welchem Pathos der geistigen und moralischen Überlegen-
> heit die selbst ernannten Vertreter des jüdisch-christlichen Abendlandes
> muslimischen Zeitgenossen, ganz egal welcher Nationalität und welcher
> kulturellen Prägung, die europäische Aufklärung vorhalten. Das Eis
> bleibt dünn, nach gerade einmal siebzig Jahren. Nein, es gab keine jü-
> disch-christliche Tradition, sie ist eine Erfindung der europäischen Mo-
> derne und ein Lieblingskind der traumatisierten Deutschen.«[127]

Es lohnt sich, diese Sprachschöpfung auf ihre historische Tragfähig-
keit zu befragen, denn keine Gesellschaft war so sehr von Judenhass
gekennzeichnet wie gerade die abendländische. Wenn hier von Judenhass gesprochen wird, so ist damit der Hass auf die Juden als Angehörige einer Religionsgemeinschaft gemeint – nur durch ihre Religion unterschieden sie sich ja von den Anhängern des Christentums.
Der Begriff des Antisemitismus ist eine Erfindung der Moderne, des
späten 19. Jahrhunderts, in dem die biologisch fundierte Rassenlehre
bestimmend wurde. Der Begriff des Antisemitismus bezieht sich auf
die semitischen Völker und richtete sich im imperialistischen Diskurs
genau dieses 19. Jahrhunderts, wie oben gezeigt, gleichermaßen gegen
Juden wie Araber. Der Judenhass, Vorläufer des modernen Antisemitismus, hat jedoch tiefe Wurzeln.

---

126 Recherchen zur zeitlichen Genese dieses Begriffs ergaben kein Ergebnis.
     Mehr als wahrscheinlich scheint, dass er lange nach 1945 erfunden wurde –
     möglicherweise erst vor rund zwanzig Jahren, also im Kontext der Debatte
     um den Islam.

127 Bruckstein Çoruh, Almuth S.: Die jüdisch-christliche Tradition ist eine Erfin-
     dung, in: Der Tagesspiegel, 12.10.2010, unter http://www.tagesspiegel.de/kul-
     tur/die-juedisch-christliche-tradition-ist-eine-erfindung/1954276.html [10.12.11].

Einen ersten Höhepunkt erreichte er während der Kreuzzüge. Trotz aller Zerwürfnisse und Rivalitäten zwischen dem weströmischen und dem oströmischen Reich hatte der oströmische Kaiser Alexios I. »das Abendland« um Hilfe gegen die das byzantinische Reich bedrohenden Seldschuken gebeten. Am 27. November 1095 hatte Papst Urban II. anlässlich der Synode in Clermont zum Kreuzzug aufgerufen, um die Heiligen Stätten (die ja aber keineswegs nur solche der Christen, sondern ebenso solche der Muslime und Juden waren) von der Herrschaft der Muslime zu befreien.[128] Schon zuvor hatte sich in Mitteleuropa eine fromme Hetze gegen die Muslime ausgebreitet, in der die Moscheen als Teufelshäuser bezeichnet wurden.

> »In der neuen Kreuzzugsidee sticht der unmissionierbare Islam alle anderen Feinde des Christentums – Heiden, Ketzer, Juden, Sünder – aus. Der Muslim avanciert zum Inbegriff des Feindes, zum Satan mit seinem Dämonenheer.«[129]

In dieser religiös fanatisierten Stimmung des 11. Jahrhunderts kam es bereits bei der Sammlung der Kreuzfahrer in Frankreich und in Deutschland zu fürchterlichen Gewaltakten, die sich gegen die Juden, vor allem im Rheinland, richteten. In Mainz, Speyer und Worms fanden regelrechte Pogrome statt.[130] Den Juden wurden all die Gräuelmärchen unterstellt, die seither durch Hochmittelalter und Neuzeit geistern wie z. B., dass sie Christenkinder schlachteten, um sie zu essen. Die Juden wurden als Christusmörder bezeichnet, ein Verbrechen, für das sie kollektiv büßen mussten. Einer der Führer des 1. Kreuzzugs und späterer Eroberer von Jerusalem, der Herzog von

---

128 Mayer, Hans Eberhard: Geschichte der Kreuzzüge, 10. Auflage, Stuttgart 2005; Maalouf, Amin: Der Heilige Krieg der Barbaren. Die Kreuzzüge aus Sicht der Araber, Kreuzlingen 2001.

129 Lange, Claudio: Die älteste Karikatur Muhammads. Antiislamische Propaganda in Kirchen als frühes Fundament der Islamfeindlichkeit, in: Schneiders (Hrsg.), a. a. O., S. 37-59, hier S. 49.

130 http://www.christen-und-juden.de/Download/Judenverfolgung%20im%20 rheinischen%20Raum.pdf [10.12.11].

Niederlothringen, Gottfried von Bouillon, schwor auf dem Weg nach Jerusalem, den Tod Christi mit dem Blut der Juden zu sühnen.[131]

Einen weiteren Höhepunkt fand der Judenhass auf der iberischen Halbinsel, wo schon vor der von der kastilischen Krone vorangetriebenen *reconquista* tausende Juden Pogromen zum Opfer fielen, die durch katholische Hassprediger befördert wurden. Mit dem Sieg über die letzten muslimischen Bastionen in Andalusien erreichte die Verfolgung einen Höhepunkt: Juden wie Muslime wurden, sofern es ihnen nicht gelang nach Nordafrika oder ostwärts in den Schutz des Osmanischen Reiches zu fliehen, von der Inquisition bestialisch gefoltert, ermordet, zur Zwangstaufe gezwungen, wobei auch die Zwangsbekehrten, die Marranen[132] noch Generationen lang unter Verfolgung litten.

Über das gesamte Mittelalter wurden die Juden immer wieder verfolgt. Ihnen wurde zum Beispiel unterstellt, durch Brunnenvergiftungen an der Pest schuld zu sein.[133] Bis in die frühe Neuzeit blieb der Judenhass ein bevorzugtes Thema. Man lese nur die antijüdischen (und anti-muslimischen) Tiraden eines Martin Luther. In einem Appell an die Landesherren schrieb er:

> »Erstlich, dass man ihre Synagoge oder Schule mit Feuer anstecke und, was nicht verbrennen will, mit Erde überhäufe und beschütte, dass kein Mensch einen Stein oder Schlacke davon sehe ewiglich. (…) Zum andern, dass man auch ihre Häuser desgleichen zerbreche und zerstöre. Denn sie treiben eben dasselbige darinnen, das sie in ihren Schulen treiben. Dafür mag man sie etwa unter ein Dach oder Stall tun wie die Zigeuner, auf dass sie wissen, sie seien nicht Herren in unserem Lande (…)«.[134]

---

131 http://www.geschichteinchronologie.ch/k/kreuzz07_EncJud_crusades-D-kreuzzuege.html [10.12.11].

132 Über die Herkunft des Begriffs besteht in der Literatur keine Einigkeit. Teils wird verwiesen auf das Hebräische »marran atha = Verfluchte« oder auf das Spanische »marrano = Schwein«. S. auch Roth, Cecil/Roth, Irene: A history of the Marranos, 4th ed., New York 1974.

133 http://www.judentum-projekt.de/geschichte/mittelalter/pest/index.html [10.12.11].

134 Bienert, Walter (Hrsg.): Martin Luther und die Juden. Ein Quellenbuch, Frankfurt a. M. 1982, S. 149 f.

Dass die Leitungen der beiden großen Kirchen in Deutschland sich mit dem Dritten Reich arrangierten, dass sie insbesondere zur Judenvernichtung schwiegen, kann vor diesem Hintergrund kaum verwundern. Und dass diese dunklen Seiten der Kirchengeschichte wenig aufgearbeitet sind, verwundert ebenso wenig.

Umso mehr Respekt verdienen einzelne Kirchenvertreter, die Widerstand leisteten und dies of mit ihrem Leben bezahlen mussten. Wo Aufarbeitung begann, geschah dies recht zögerlich, wenn auch mehr in der Evangelischen als in der Katholischen Kirche, die ja als erster Staat mit dem Nazi-Deutschland einen Vertrag schloss, das Konkordat zwischen der nationalsozialistischen Reichsregierung und dem Vatikan, das am 20. Juli 1933 unterzeichnet und am 10. September 1933 vom Reichstag ratifiziert wurde.

Zögerlich machte sich immerhin die Evangelische Kirche an eine Aufarbeitung: Im April 1948 veröffentlichte der Bruderrat der Evangelischen Kirche, bis dahin deren leitendes Gremium, »Ein Wort zur Judenfrage.« Dort wird nicht mehr den Juden die Alleinschuld am Tode des Jesus von Nazareth gegeben, sondern »Wir sind alle an dem Kreuze Christi mitschuldig. Darum ist es der Kirche verwehrt, den Juden als den allein am Kreuze Christi Schuldigen zu brandmarken.« Aber dann folgt der Satz: »Dass Gott nicht mit sich spotten lässt, ist die stumme Predigt des jüdischen Schicksals, uns zur Warnung, den Juden zur Mahnung, ob sie sich nicht bekehren möchten zu dem, bei dem allein auch ihr Heil steht.«[135] Nicht nur wird den Juden als Volk eine (Mit-)Schuld an der Vernichtungspolitik der Nazis gegeben, die Kirche betont nach wie vor die Alleingültigkeit des christlichen Glaubens und ihren missionarischen Anspruch gegenüber den Juden. Der Satz suggeriert: Würden die Juden sich endlich zur einzigen und richtigen Glaubenswahrheit bekennen, so könnten sie endlich auch »ihr Heil« finden!

---

135 http://www.imdialog.org/md2001/012001md02b.html [10.12.11]. Diese Website präsentiert der Materialdienst des Evangelischen Arbeitskreises Kirche und Israel in Hessen und Nassau.

Die katholische Kirche ihrerseits hielt bis zum II. Vatikanischen Konzil (1962-65) die Gottesmordlehre aufrecht, die dann erst mit der Denkschrift *Nostra Aetate* von 1965 offiziell aufgehoben wurde. In diesem Zusammenhang sei ein persönliches Erlebnis wiedergegeben. Mein Vater war Lehrer in einem Dorf am Bodensee, und am zweiten Weihnachtstag war üblicherweise der katholische Pfarrer eingeladen. Mangels Gesprächsstoff lief der Fernseher. Die Nachrichten berichteten 1958 von der Schändung von Gräbern auf einem jüdischen Friedhof. Da faltete der Pfarrer die Hände über seinem enormen Bauch und sagte: »Ja, die Juden. Sie haben unseren Heiland ermordet. Dafür müssen sie ewig büßen!« Leider war ich in diesem Augenblick nur entsetzt und nicht intellektuell flink genug, um ihn zu fragen, wie denn die christliche Heilslehre zustande gekommen wäre, wenn nicht jemand geholfen hätte, »den Heiland« ans Kreuz zu nageln, damit er »uns« erlösen konnte!

Das Bild von den Juden als Gottesmördern war fast zwei Jahrtausende fester Bestandteil der christlichen Lehre. Als das zweite Vaticanum dies revidierte, gründete Bischof Marcel Lefèbvre in der Schweiz die Priesterbruderschaft St. Pius X, die sich auf den (heilig gesprochenen) traditionalistischen Papst Pius X. (1835-1914) berief. Im Vordergrund des schismatischen Akts der Piusbruderschaft stand die Kritik an der Modernisierung der katholischen Liturgie. Rund 500 Priester bekennen sich derzeit zu der Bruderschaft, die vor allem auch in Süddeutschland mehrere Niederlassungen besitzt. Als Lefèbvre gegen den Willen des Papstes eigene Bischöfe weihte, wurde die Bruderschaft 1988 von Papst Johannes Paul II. exkommuniziert.[136] Am 21. Januar 2009 hob der neue Papst Benedikt XVI. (Josef Ratzinger), das Exkommunikationsdekret auf und ermöglichte der Bruderschaft die Rückkehr in den Schoß der Kirche. Dass die Traditionalisten konsequent an der Gottesmord-These festhalten, ist aus ihrem ultrakonservativen Religionsverständnis nur konsequent. Der Akt der Wiederaufnahme der Ultra-Traditionslisten erregte in den Medien kaum Aufsehen. Einzig Bischof Richard Williamson erlangte eine gewisse

---

136   http://www.kathpedia.com/index.php/Piusbruderschaft [17.12.11].

mediale Beachtung, da er nicht nur die Gottesmord-These vertritt, sondern darüber hinaus den Holocaust leugnet.[137]

Muslime, meist wahrgenommen als semitische Araber, und Juden, die ja schon Luther als Erzfeinde des Christentums galten, waren von den Nazis getreu der biologisch begründeten Rassenlehre als semitische Untermenschen in einer einzigen Kategorie zusammengefasst worden. Dieser Definition blieben die Nazi-Schergen treu, wenn sie die physisch durch Arbeit und Schinderei schon fast zu Tode gequälten Juden als »Muselmänner« bezeichneten.[138] Der Historiker Giorgio Agamben zitiert Überlebende:

> »Gebräuchlich war das Wort vor allem in Auschwitz, von wo das Wort auch in andere Lager gelangte. (...) [In Majdanek] hießen die lebenden Toten ›Gamel‹ (...) in Neuengamme ›Kamele‹ (...) und im Frauenlager Ravensbrück ›Muselweiber‹.«[139]

> »Sie hießen in den Lagern ›Muselmänner‹, also Leute von bedingungslosem Fatalismus. Ihre Untergangsbereitschaft war aber nicht etwa ein Willensakt, sondern Willensgebrochenheit. Sie ließen mit sich geschehen, was eben geschah, weil alle Kräfte in ihnen gelähmt oder bereits vernichtet waren.«[140]

Festzuhalten bleibt, dass sich der abendländische Judenhass hervorragend mit der antisemitischen Rassenlehre verbinden ließ, ja er hatte das Terrain mit vorbereitet, auf dem die Nazis dann den industriellen Massenmord an den Juden organisieren konnten. In dieser Rassenlehre waren die Juden die einzigen Vertreter der »semitischen Rasse«, derer man massenhaft habhaft werden konnte. Die Entdeckung der »jüdisch-abendländischen Tradition« »unserer Kultur« ist mehr als die Verhöhnung der Geschichte: Sie ist Teil einer Vernebe-

---

137 http://www.spiegel.de/spiegel/print/d-68885073.html [17.12.11]. In einem Rundbrief an die Piusbrüder schrieb er: »Tatsache bleibt, dass die sechs Millionen Vergasten eine Riesenlüge darstellen«, was ihm ein Strafverfahren wegen Volksverhetzung in Regensburg eintrug.

138 Agamben, Giorgio: Was von Auschwitz bleibt, Frankfurt a.M. 2003, dort das Kapitel »Muselmänner«, S. 36-75.

139 A.a.O., S. 38.

140 A.a.O., S. 39.

lungsaktion, mit der die notwendige Aufarbeitung der Geschichte bis heute vermieden wird. Darüber hinaus konstruiert der Begriff »jüdisch-christliche Kultur« eine Wir-Identität, der nun als neue – und gemeinsame! – Bedrohung »der Islam« gegenübergestellt wird, so dass es nicht notwendig wird, die geschichtlichen Kontinuitäten zu ergründen und die Verbindungen zwischen Judenhass und Hass auf Muslime in ihren realen Zusammenhang zu stellen. Es ist daher nicht verwunderlich, dass in den Blogs des anti-islamischen Portals *politically incorrect* offen und in Unkenntnis (oder doch in Kenntnis?) des KZ-Vokabulars von »Musels« und »Kameltreibern«, die Rede ist.

9. Antisemitismus und Islamophobie: Zwei Seiten einer Medaille?

Ernst Moritz Arndt, einer der großen Protagonisten des deutschen Nationalismus, der einerseits durch seine Lyrik, andrerseits durch seine Hassparolen gegen Franzosen und Juden bekannt wurde, schrieb:

> »Man sollte die Einfuhr der Juden aus der Fremde in Deutschland schlechterdings verbieten und hindern. (…) Die Juden als Juden passen nicht in diese Welt und in diese Staaten hinein, und darum will ich nicht, dass sie auf eine ungebührliche Weise in Deutschland vermehrt werden. ich will es aber auch deswegen nicht, weil sie ein durchaus fremdes Volk sind (…)«[141]

Das Institut für Interdisziplinäre Konflikt- und Gewaltforschung an der Universität Bielefeld (Projektleiter Wilhelm Heitmeyer) hat in seiner Langzeitstudie »Gruppenbezogene Menschenfeindlichkeit« (GMF) *statements* formuliert, die zur Meinungsforschung verwendet wurden und die in geradezu verblüffender Weise mit Arndts zwei-

---

141   Arndt, Ernst Moritz: Geist der Zeit, Leipzig o.J., S. 148, unter http://www. ernst-moritz-arndt.de/zitate.htm [12.12.11].

hundert Jahre alter »Feststellung« übereinstimmen. Sie wurden nur insofern aktualisiert, als jetzt nach »Ausländern« bzw. »Muslimen« gefragt wurde. Fast wörtlich von Arndt übernommen klingen Aussagen wie:

- *»Muslimen sollte die Zuwanderung nach Deutschland untersagt werden.«*
- *»Durch die vielen Muslime hier fühle ich mich manchmal wie ein Fremder im eigenen Land.«*

Der ersten Aussage stimmten zwischen 2003 und 2011 mit leichten Schwankungen von gut 20 bis knapp 30 % der Befragten zu.[142] Der zweiten Aussage, die allerdings seit 2008 nicht mehr geprüft wurde, stimmten in den Jahren 2003 bis 2007 zwischen 60 % und 75 % der Befragten zu. Diese Ergebnisse sind nicht nur an sich erschreckend, sie zeigen vor allem die Aktualität einer Jahrhunderte alten Vorurteilsstruktur. Was sich gewandelt hat, ist die Bezugsgruppe: »Juden« werden durch »Muslime« ersetzt. Nun waren in der Tat zu Zeiten Arndt die meisten Zuwanderer, vor allem aus dem Osten, Juden. Heutzutage sind es Muslime, vor allem aus dem Süden. Deutlich wird die Angst vor Muslimen (verbunden mit Hass auf sie) in einer Umfrage der *Frankfurter Allgemeinen Zeitung* im Jahre 2006, deren Aktualisierung man sich dringend wünscht. Danach sind 56 % der Befragten davon überzeugt, dass der Islam *uns* bedroht. Zwei Jahre davor waren es noch 46 %. Der gleichen Umfrage zufolge glauben 58 % der Deutschen, dass es hierzulande zu Spannungen mit der muslimischen Bevölkerung kommen wird – 2006 waren es 44 %, 2002 noch 30 %.

»Der Islam ist von Fanatismus geprägt« sagen 83 % (2004: 75 %), »der Islam ist rückwärtsgewandt« 62 % (2004: 49 %). 91 % gar denken beim Stichwort Islam an die Benachteiligung von Frauen.[143] Welch

---

142 Heitmeyer, Wilhelm (Hrsg.): Deutsche Zustände, Folge 10, Berlin 2012, S. 164; Leibold, Jürgen: Fremdenfeindlichkeit und Islamophobie, in: Schneiders (Hrsg.), a.a.O., S. 149-158.

143 Die Umfrage wurde im Mai 2006 durchgeführt. Ergebnisse in FAZ, 17. Mai 2006, S. 5.

fortschrittliches Bild gibt dies doch von der deutschen Mehrheitsgesellschaft: Man weist die Diskriminierung von Frauen der gehassten
Minderheit der Anderen zu, womit zugleich vermittelt wird, dass es
solche Diskriminierung »bei uns« ja so gut wie nicht gäbe!

Was in besonderem Maße erschreckt, ist die rasante Zunahme
der xenophoben, konkret der antimuslimischen Einstellungen. Diese
können nicht auf persönlichen Erfahrungen der Befragten basieren,
haben doch meist wenige von ihnen direkten Kontakt mit Muslimen,
geschweige denn können sich persönliche Erfahrungen in einem so
kurzen Zeitraum so deutlich entwickelt bzw. verändert haben. Schon
dies legt nahe, dass alte Vorurteilsstrukturen und rassistische Prädispo-
sitionen für das Feindbild Islam (re)aktiviert werden. Deshalb ist zu fragen, ob und in wieweit in der islamophoben Argumentation Stereotype
vertreten sind, die schon im »klassischen« Antisemitismus vorgetragen
wurden[144] und – als tief sitzende Vorurteile – nun gegen Musliminnen
und Muslime verwendet werden. Dazu Wolfgang Benz, bis 2011 Direktor des Zentrums für Antisemitismusforschung an der TU Berlin:

> »Aus der Perspektive der Vorurteilsforschung ist das Phänomen
> der Islamfeindlichkeit deshalb interessant, weil weithin mit Stereo-
> typen argumentiert wird, die aus der Antisemitismusforschung be-
> kannt sind, etwa die Behauptung, die jüdische bzw. die islamische
> Religion sei bösartig, inhuman und verlange von ihren Anhängern
> unmoralische oder aggressive Verhaltensweisen gegenüber Anders-
> gläubigen.«[145]

Die Feindbilder der Judenpogrome des Mittelalters lassen grüßen.

Verschwörungstheorien scheinen gerade im Bezug auf die beiden
anderen monotheistischen Religionsgemeinschaften besondere Be-
liebtheit zu genießen. Bekannt ist das antisemitische Machwerk »Die

---

144 Systematisch wird ein solcher Vergleich erarbeitet von Sabine Schiffer und
     Constantin Wagner: Antisemitismus und Islamophobie. Ein Vergleich,
     Wassertrüdingen 2009.

145 Benz, Wolfgang: Feindbild Muslim – Feindbild Jude, in: Benz, Wolfgang
     (Hrsg.): Islamfeindschaft und ihr Kontext, Berlin 2009, S. 9-20, hier
     S. 10 f.

Protokolle der Weisen von Zion«, das den Juden als Kollektiv eine Verschwörung zur Übernahme der Weltherrschaft unterstellt.[146] Im Falle der Muslime, die ja im Gegensatz zu den Juden, aber so wie die Christen einer missionarischen Religion angehören, geht es bei der Feindbildkonstruktion um die »Islamisierung Europas«, dargestellt als Erfüllung des missionarischen Auftrags des Propheten, der jetzt mittels Migration und Geburtenrate durchgeführt wird – zentrales Thema bei Broder, Sarrazin, Ulfkotte und den rechten bis rechtsradikalen Internetseiten wie auch der Zeitung *Junge Freiheit*.

Wichtiges verschwörungstheoretisches Element ist in der Ausmalung der »islamischen Bedrohung« der immer wiederkehrende Verweis auf das »islamische Prinzip« der *taqiyah*: Dieses Konzept, das es nur im schiitischen Islam gibt, ist entstanden während der Verfolgung dieser Glaubensrichtung im 9. und 10. Jahrhundert. Wörtlich bedeutet es »Vorsicht«. Gemeint ist, dass es Gläubigen in extremen Notlagen, also bei Gefahr für Leib und Leben, erlaubt ist, rituelle Pflichten wie die Gebete zu unterlassen und notfalls ihren Glauben zu verleugnen, um nicht als Muslime erkannt zu werden.[147] Daraus wird dann der Schluss gezogen, dass alle Muslime, auch die übergroße Mehrheit der Sunniten, grundsätzlich lügen, ja von ihrer Religion zum Lügen angestiftet würden, um ihre finstere Strategie zur Eroberung Deutschlands, Europas und des Westens umzusetzen. Die so aufgebaute Bedrohungsvorstellung wurde auch politisch instrumentalisiert: Als Einfallstore für die »Islamisierung Europas« werden dann die doppelte Staatsangehörigkeit und das politische Asyl beschworen. Mit seiner Kampagne gegen den »Doppelpass« und einer sie begleitenden Unterschriftenaktion gewann Roland Koch 1999 die Landtagswahl in Hessen. Sein erklärtes Anliegen war, »dass in Deutschland weiter Kirchenglocken läuten und nicht Muezzine rufen.«[148] Dies ist

146   Benz, Wolfgang: Die Protokolle der Weisen von Zion. Die Legende von der jüdischen Weltverschwörung, München 2007.

147   Schiffer / Wagner, a. a. O., S. 98 f und 260; vgl. Königseder, Angelika: Feindbild Islam, in: Benz (Hrsg.), Feindbild, a. a. O., S. 27.

148   http://klugschiss.org/Texte/oldpage/koch.htm [17.12.11].

die populistische Übersetzung der Angst vor dem Fremden, vor der »Islamisierung Europas«.

Zur Begründung ihrer Panikmache betätigen sich die Protagonisten der »Islamkritik« als Primitiv-Fundamentalisten: So wie das Konzept der *taqiyah* generalisiert und propagandistisch instrumentalisiert wird, werden die Schriften durchkämmt und einzelne Zitate oder Halbsätze aus dem Zusammenhang gerissen, um zu beweisen, was zu beweisen ist: »die Loyalität der Muslime gehört im Konfliktfall der islamischen *umma* [der alle Muslime umfassenden Gemeinschaft; W. R.]. (...) Wahre Muslime sind grundsätzlich bereit zur Gewalt, wozu der Koran und Mohammed aufrufen.«[149] Dieser Topos christlicher Fundamentalisten scheint inzwischen zum transatlantischen Gemeingut geworden zu sein, wie der bereits oben zitierte Satz des fundamentalistischen Fernsehpredigers Jerry Falwell zeigt: »Ich denke, Mohamed war ein Terrorist.«[150]

Das Gemisch aus selektiv-fundamentalistischer Religionsinterpretation, Islamophobie und Hetze liest sich dann beispielsweise in einem »Thesenpapier gegen Islamisierung« der Website *Politically Incorrect* so:

> »Die Zeit der militärischen Erfolge des Islams ist längst vorbei. Heutzutage geschieht der Djihad auf zwei Stufen: Offener Terror und schleichende Unterwanderung (...) Der Islam ist eine Machtideologie im Deckmantel einer Religion, die die Welt in höhergestellte Rechtgläubige und minderwertige Ungläubige aufteilt. Mit totalitärem weltlichem Herrschaftsanspruch, Intoleranz, Gewaltbereitschaft und Tötungslegitimation. (...) Wenn der Volksentscheid zu dem Ergebnis führt, dass der Islam verboten werden soll, haben alle Muslime die freie Entscheidung, dieser Ideologie abzuschwören. (...) ›Abschwören oder Abreisen‹ heißt die Konsequenz. Für den zweiten Fall stehen genügend islamische Länder zur Auswahl. (...)«[151]

---

149 Sonderausgabe des Kurier, Parteizeitung der Christlichen Mitte, zit. n. Schiffer / Wagner, a. a. O., S. 99.

150 Drudge Report, 3. Oktober 2002, unter http://www.drudgereportarchives. com/data/2002/10/03/20021003_151936.htm [17.01.07].

151 http://www.pi-news.net/2011/10/thesenpapier-gegen-die-islamisierung/ vom 19.10.2011 [21.10.11].

Auch dieser Diskurs erinnert fatal an die Nazi-Tiraden gegen »Volksfremde«, auch die Verfolgung der Juden in Deutschland begann mit der Forderung nach Auswanderung. Auch den ›integrierten‹ Juden, die als solche äußerlich nicht erkennbar waren, unterstellte man Verstellung und geschickte Tarnung, weil sie ihre verwerflichen Ziele so besser verfolgen könnten.[152]

Nun ist die Debatte keineswegs auf Deutschland beschränkt, ein Land, an das jeder denkt, wenn der Begriff Antisemitismus fällt. Selbstverständlich gab und gibt es Antisemitismus auch im restlichen Europa. Dies gilt nicht nur für Österreich, sondern für alle europäischen Staaten, in denen die Völkermordpolitik der Nazis Zustimmung und Unterstützung fand, seien dies die französischen Kollaborateure der Pétain-Regierung, die flämischen (freiwilligen) SS-Bataillone, die britischen Faschisten etc. Geradezu exemplarisch ist hier die Figur von Maurice Papon, der in der Zeit des Vichy-Regimes als Generalsekretär der Präfektur von Bordeaux verantwortlich war für die Deportation von Juden. Er wendete sich rechtzeitig, erhielt von Staatspräsident de Gaulle, der ihn 1958 zum Polizeipräfekten von Paris ernannt hatte, im Juli 1961 das Kreuz der Ehrenlegion. Im selben Jahr war er verantwortlich für das Massaker von Paris, bei dem über 200 (algerisch-stämmige) Teilnehmer einer friedlichen Demonstration am 17. Oktober von der Polizei erschossen, erschlagen, in der Seine ertränkt wurden.[153] 1998 wurde der 88Jährige endlich für seine Verbrechen gegen die Juden zu zehn Jahren Haft wegen Verbrechen gegen die Menschlichkeit verurteilt, für das Massaker in Paris wurde er nie zur Rechnung gezogen.

Sicherlich hat der Hass auf Muslime in Großbritannien und Frankreich koloniale Ursprünge, wurden doch gerade die Nordafrikaner, unter ihnen vor allem die Algerier, die in großer Zahl nach Frankreich einwanderten, stets unter der Rubrik »Muslime« gefasst. Besonders pikant war die rechtliche Definition der Algerier in Frankreich, waren sie doch aufgrund des Rechtsstatuts, das Algerien hatte, französische

152 Schiffer / Wagner, a. a. O., S. 116.

153 Einaudi, Jean-Luc: Octobre 1961: Un Massacre à Paris, Paris 2001.

Staatsangehörige. Sie hießen offiziell »muslimische Franzosen aus Algerien« (*Français musulmans d'Algérie*): Zum Kriegsdienst waren sie verpflichtet, Wahlrecht besaßen sie nicht. Damit war die Diskriminierung auch administrativ programmiert.[154] Dies gilt jedoch nicht für Belgien oder die Niederlande, die keine nordafrikanischen Kolonien hatten, aber eine große Zahl von Immigranten aus diesen Ländern beherbergen. Der Hass auf diese Immigranten ist dort keineswegs geringer, »der Islam« genauso zum Feindbild geworden. Deutschland schließlich hatte seine wenigen Kolonien schon nach dem Ersten Weltkrieg verloren – darunter waren auch damals keine islamischen Gebiete. Der Kontakt mit »dem Islam« resultiert aus der türkischen Immigration.

Als Fazit bleibt die Feststellung, dass »den Muslimen«, wo auch immer sie sich in Europa befinden, grundsätzlich unterstellt wird, sie seien gegenüber dem Staat, in dem sie leben, nicht loyal.[155] Genau diese Unterstellung war der Hintergrund der Dreyfus-Affäre, bei der es darum ging, dass einem französischen Offizier jüdischer Herkunft Landesverrat unterstellt wurde. Solche verschwörungstheoretische Unterstellungen der grundsätzlichen Illoyalität gegenüber der Staatsführung der Mehrheitsgesellschaft werden genährt und unterfüttert durch Fälschungen wie »Die Protokolle der Weisen von Zion« oder das allen Muslimen unterstellte und gezielt falsch interpretierte Konzept der *takiyah*. Dass die Phobien gegen Juden wie Muslime, seien sie nun Staatsbürger eines europäischen Landes oder nicht, weiter fortbestehen, zeigt zumindest für Deutschland abermals die Langzeitstudie »Deutsche Zustände«: Noch immer finden Sätze große Zustimmung wie »Juden haben in Deutschland zu viel Einfluss«. »Durch ihr Verhal-

---

154 Aufgrund dieses Statuts hatten die Algerier zwar die Staatsangehörigkeit und waren selbstverständlich wehrpflichtig, jedoch hatten sie weder das aktive noch das passive Wahlrecht.

155 Silverstein hat dies sehr detailreich für Frankreich untersucht. Silverstein, Paul A.: Der Zusammenhang von Antisemitismus und Islamophobie in Frankreich, in: Bunzl, John / Senfft Alexandra (Hrsg.): Zwischen Antisemitismus und Islamophobie. Vorurteile und Projektionen in Europa und Nahost, Hamburg 2008, S. 88-119.

ten sind die Juden an ihren Verfolgungen mitschuldig«. Oder: »Viele Juden versuchen, aus der Vergangenheit des Dritten Reiches heute ihren Vorteil zu ziehen.«[156]

In einem Zeitalter, in dem der biologische Rassismus wegen der nationalsozialistischen Verbrechen nicht mehr hoffähig ist, wird die Religion (bei Huntington: »Kultur«) zur Diskriminierung verwendet, wobei keineswegs sicher ist, ob der Rassenwahn trotz offizieller Beschwörung eines »christlich-jüdischen Erbes« nicht immer noch die antijüdischen und antimuslimischen Klischees speist. Kultur oder Religion aber sind umso praktikablere Begriffe, als sie die Zuordnung von Menschen zu einem Konstrukt erlauben, das so in Wirklichkeit nicht existiert: Man umgeht den Begriff der Rasse, indem man auf die Religion verweist: Da ist es dann gleichgültig, ob es sich um gläubige oder säkulare Menschen handelt. Im Falle der Muslime spielt es gleichfalls keine Rolle, ob sie gläubig oder säkular sind: Entscheidend scheint in beiden Fällen die Herkunft. Und in perverser Weise wird dann diese Herkunft zum Ausgrenzungskriterium, ganz gleich, ob es sich bei Migranten um Menschen der dritten oder vierten Generation handelt, die schon seit langem die jeweilige Staatsangehörigkeit besitzen: Dies gilt nicht nur für »Türken« in Deutschland, sondern auch für Algerier in Frankreich, die schon seit 1830 Franzosen sind, oder für Bangladeschis und Pakistaner in Großbritannien. Unberücksichtigt bleibt dabei auch, dass die Religion als Zuordnungskriterien in vielen Fällen nicht stimmt: Die Vielzahl der türkischstämmigen Aleviten wird so ebenso zu Muslimen erklärt wie die aus christlichen Gruppierungen stammenden Menschen aus dem Nahen Osten. Und schlimmer noch: Religion ist bei solchen Zuordnungen offensichtlich kein persönliches Bekenntnis mehr, sie wird zur erblichen Eigenschaft! Islamkritik meint dann nicht mehr Auseinandersetzung mit einer Religion sondern Artikulation von Vorurteilen gegenüber einer Gruppe von Menschen ausländischer Herkunft – also doch Rasse?!

---

156 Heitmeyer (Hrsg.), a. a. O., S. 186.

10. Islamhetze und ihre Akteure

»*Ein Gespenst geht um in Europa* ...« – Doch gut eineinhalb Jahrhunderte nach Erscheinen des Kommunistischen Manifests von Karl Marx und Friedrich Engels, das mit diesem einleitenden Satz beginnt, ist das Gespenst eben nicht mehr der seit damals bis zum Ende der Sowjetunion zur nationalen wie internationalen Bedrohung hochstilisierte Kommunismus, es ist jetzt der Islam. Dies verkünden die Protagonisten, die vor dem Untergang Deutschlands und Europas, ja des Westens warnen, dies ist die Botschaft einer großen Teils der Medien und vor allem der einschlägigen Internet-Portale. Es ist hier nicht leistbar, all jene aufzuzählen, die als Kronzeugen für diese These auftreten. Nicht eingegangen werden soll hier auf jene *native speakers*, die, selbst aus der Region stammend, eine besondere Authentizität beanspruchen wie beispielsweise Bassam Tibi, der sich selbst zum Erfinder der deutschen Leitkultur stilisiert hat, Seyran Ates oder Neçla Kelek, die allzu oft »den Islam« mit Praktiken des anatolischen Volksislams verwechseln. Sie wurden schon andernorts kritisch und fundiert behandelt.[157]

Das Gespenst der Angst vor dem und des Hasses auf »den Islam« hat sich inzwischen in die Poren der Gesellschaft eingenistet: Und es deckt das gesamte Spektrum auch der alten antisemitischen Vorurteile ab, die da reichen von »kulturellen Fremdheit«, oder der »Nicht-Integrierbarkeit« bis zum »Sozialschmarotzertum«. Laut einer Umfrage des Allensbacher Instituts für Demoskopie waren schon im Mai 2006 56 % der Befragten für ein Verbot des Baus von Moscheen. In der Schweiz wurde bereits per Volksabstimmung ein Bauverbot für Mina-

---

157   Sehr subtil ist diesbezüglich die Analyse der Arbeiten und des Auftretens von Neçla Kelek bei Bahners, Patrick: Die Panikmacher. Die deutsche Angst vor dem Islam. Eine Streitschrift, München 2011. Aus wissenschaftlicher Sicht: Rommelspacher, Birgit: Islamkritik und antimuslimische Positionen – am Beispiel von Neçla Kelek und Seyran Ates, in: Schneiders (Hrsg.), a. a. O., S. 447-469; ebenso Schneiders, Thorsten Gerald: Die Schattenseite der Islamkritik. Darlegung und Analyse der Argumentationsstrategien von Henryk M. Broder, Ralph Giordano, Neçla Kelek, Alice Schwarzer und anderen, in: Ders. (Hrsg.), a. a. O., S. 417-446.

rette erreicht. Wider alle objektiven Zahlen sind 55% der Deutschen davon überzeugt, dass »die muslimischen Zuwanderer (…) uns sozial und auch finanziell mehr gekostet haben, als sie ins wirtschaftlich gebracht haben.«[158] Tatsache ist jedoch, dass im Schnitt jeder Migrant 11.000 € mehr an den Staat zahlt, als er von ihm erhält – Frauen und Kinder eingeschlossen.[159]

Von »Volkes Wille« ist es oft nicht weit bis zur Formulierung politischer Zielvorstellungen und deren Umsetzung in gesetzgeberische Vorhaben, wie sie offensichtlich dem CSU-Generalsekretär Alexander Dobrindt vorschweben:

> »Der Islam ist mit gutem Grund keine den christlichen Kirchen gleichgestellte Religionsgemeinschaft, und es wäre ein fataler Kurzschluss, damit die christlich-jüdische [!; W.R.] Prägung unserer Leitkultur in Frage zu stellen. Eine Gleichstellung des Islam mit den christlichen Kirchen kann nur fordern, wer vom geltenden Verfassungsrecht keine Ahnung hat und wer sowieso die Kreuze aus den Klassenzimmern entfernen und muslimische Feiertage einführen will.«[160]

Was hier erschreckt, sind nicht nur die xenophoben Aussagen eines hochrangigen Politikers, sondern vor allem seine offensichtliche Unkenntnis des Grundgesetzes, auf das er sich so vollmundig beruft. Denn in unserer Verfassung ist selbstverständlich keine Rede vom Christentum, geschweige denn von einer »christlich-jüdischen Leitkultur«(!). Auch sollte ein prominentes Mitglied der CSU das Urteil des Bundesverfassungsgerichts zur Frage der Kruzifixe in bayrischen Schulzimmern kennen. Hier wird von autoritativer Stelle den Bürgerinnen und Bürgern ein absichtsvoll gefälschtes Verfassungsverständnis präsentiert. Ein Aufschrei der politischen Klasse gegen diese Vergewaltigung des Grundgesetzes war aber im Lande nicht zu hören. Zugleich aber signalisieren solche Äußerungen, dass dieses Thema in

---

158 Frankfurter Allgemeine Zeitung, 1. Oktober 2010, S. 4.

159 Studie des Instituts zur Zukunft der Arbeit für die Zeitschrift Capital. Capital, 4. Oktober 2006, zit. n. DIE LINKE (Hrsg.): Linke Argumente gegen rechte Hetze, Berlin 2010.

160 Zit. n. Bahners, a.a.O., S. 56.

der politischen Klasse angekommen ist, die jetzt aus Wahlkampfgründen Handlungsbedarf verkündet. Die rasante Entwicklung der Umfragewerte hat allerdings nichts mit realen Entwicklungen oder konkreten Erfahrungen der Bürgerinnen und Bürger zu tun, sie entspricht der Aufmerksamkeit und der inhaltlichen Darstellung des Themas in den Medien, durch die das öffentliche Bewusstsein hergestellt wird. Zugleich aber bedient die Darstellung reale Ängste, die resultieren aus der wirtschaftlichen Krise und dem mit ihr verbundenen Sozialabbau.[161] Damit erfüllt diese Angst auch eine Funktion: Sie soll ablenken von den realen sozialen Bedrohungen, denen große Teile der Gesellschaft als Folge der gnadenlosen Umsetzung neoliberaler Politik ausgesetzt sind.

10.1 Sarrazin

Scheinbar wie eine Bombe schlug das Buch von Thilo Sarrazin »Deutschland schafft sich ab« (2010) ein, für das durch Vorabdrucke *Der Spiegel* und *Bild* massiv geworben hatten. Meldete sich hier doch ein endlich Vertreter der bürgerlichen Mitte zu Wort, Bundesbanker und Sozialdemokrat dazu. Mit einer Flut von Zahlen, wie es ja einem Experten in Finanzsachen gut ansteht, versuchte er seine Thesen zu belegen. Etwa, dass muslimische Migranten bildungs- und integrationsunwillig seien, dass Migranten häufiger straffällig würden und zu Gewalttätigkeit neigten etc.[162] In einem kruden Gemisch aus sozialdarwinistischen Thesen und unbelegten statistischen Behauptungen bedient Sarrazin soziale Ängste, bestätigt – scheinbar – mit exakten Zahlen das, was »alle immer schon wussten,« und betreibt rassistische Hetze:

---

161 Bühl, Achim: Islamfeindlichkeit in Deutschland, Hamburg 2011.

162 Eine solide, auf wissenschaftlichen Untersuchungen und Befragungen basierende Widerlegung der Thesen Sarrazins findet sich in: DIE LINKE (Hrsg.), a. a. O.

>Ich muss niemanden anerkennen, der vom Staat lebt, diesen Staat ablehnt, für die Ausbildung seiner Kinder nicht vernünftig sorgt und ständig neue Kopftuchmädchen produziert. Das gilt für siebzig Prozent der türkischen und für neunzig Prozent der arabischen Bevölkerung in Berlin.«[163]

Doch woher hat Sarrazin diese Zahlen? Es gibt keine entsprechenden Erhebungen. Danach fragte ihn ein Journalist der *Süddeutschen Zeitung.* Sarrazins Antwort:

>Wenn man keine Zahl hat, muss man eine schöpfen, die in die richtige Richtung weist, und wenn sie keiner widerlegen kann, dann setze ich mich mit meiner Schätzung durch.«[164]

Unverblümt gibt der »Schöpfer« der Zahlen hier zu, dass er populistisch eine auf Vorurteilen basierende breite Meinung bedient, die er »empirisch« unterfüttert und dank seines Ansehens und Berufs mit zusätzlicher Glaubwürdigkeit versieht. Die hetzerische Argumentation wird so scheinbar wissenschaftlich belegt und zum Referenzsystem für die Verstärkung rassistischer Vorurteile. Hierzu passt die servile Anbiederung gegenüber den »Untermenschen« von gestern, wenn Sarrazin unter Berufung »auf die frühe Intelligenzforschung« den »Juden europäischer Provenienz einen um 15 Punkte höheren IQ (...) als bei den anderen Mitgliedern europäischer Völker und deren Nachfahren in Nordamerika« bescheinigt.[165] Dieser ach so philosemitisch gemeinte Kniefall hat bei genauerem Hinsehen einen ziemlichen antisemitischen Geschmack: Ob »die Juden« ihre offenkundig höhere Intelligenz nicht denn doch zur Durchsetzung der Dank der »Protokolle der Weisen von Zion« ihnen nachgesagten Weltverschwörung nutzen können oder gar wollen? Wie auch immer: Auch diese so schmeichelhaft gemeinte Bewertung entpuppt sich als rassistischer Diskurs.

Sarrazins Gemisch aus biologistischem Rassismus und populistischer Hetze gegen (südländische) Ausländer im Allgemeinen und

---

163 Sarrazin in Lettre international (deutsche Ausgabe), Nr. 86, 2009, S. 6.

164 Süddeutsche Zeitung Magazin, Heft 10/2010.

165 http://daeva.blogsport.eu/2010/09/02/sarrazin-juden/ [20.12.11].

Muslime im Besonderen waren auch Gegenstand eines langen Ge-
sprächs, das – hervorragend vorbereitet – Frank Schirrmacher von
der *Frankfurter Allgemeinen Zeitung* im September 2010 mit dem Er-
folgsautor führte.[166] Befragt nach der wissenschaftlichen und empirischen Basis seiner Aussagen über den Zusammenhang zwischen dem
Intelligenzquotienten von Völkern und dem Wohlstand der Nationen
weicht er ähnlich aus wie bei der Frage des *SZ*-Journalisten über die
Herkunft seiner Zahlen:

> »(...) ich (mache) mir die kausalen Erklärungen und Theorien von
> Lynn und Vanhanen nicht zu eigen und brauche sie auch gar nicht für
> meinen Gedankengang. Intelligenzunterschiede von Völkern – mö-
> gen sie existieren oder nicht – spielen nämlich für die Argumenta-
> tionslinien meines Buches keine Rolle.«[167]

Wie bitte? Waren nicht »die Juden« gerade noch intelligenter als die
anderen Europäer?

Die »Stärke« Sarrazins besteht darin, dass er bestehende Vorurteile geschickt aufgreift, mit »geschöpften« Zahlen unterfüttert und so
im Gewande der Wissenschaftlichkeit endlich das sagt, was alle doch
schon immer »wussten.« Wen wundert es da, dass rechte, rassistische
Parteien wie die »Bürgerbewegung Pro Deutschland« und die NPD
für das Buch und für Sarrazins Namen Werbung machten? Solche
Werbung wurde schließlich vom Landgericht Berlin verboten.[168] Trotz
erheblichen Drucks von der Parteibasis, die seinen Parteiausschluss
forderte, bleibt Sarrazin Mitglied der SPD.

Wie begierig Sarrazins Thesen im Volksmund aufgenommen werden, hat Patrick Bahners plastisch herausgearbeitet.[169] Er zitiert eine
Hymne auf den Rechtsaußen der hessischen CDU Hans-Jürgen Irmer, der in dem von diesem selbst herausgegebenen Anzeigenblatt

---

166 Frankfurter Allgemeine Zeitung, 1. Oktober 2010, S. 33 und 35.

167 A.a.O., S. 35.

168 http://www.lto.de/de/html/nachrichten/4001/lg_berlin_keine_werbung_
     mit_sarrazin/ [18.12.11]; http://www.it-recht-kanzlei.de/verf%C3%BCgung-
     lg-berlin-sarrazin-werbung-npd.html [17.12.11].

169 Bahners, a.a.O.

Wetzlarer Kurier massiv gegen den Bau von Moscheen agitierte. Dieses Gedicht spiegelt nicht nur Volkes Stimme, es ist die auf den Islam gewendete xenophobe Fortsetzung des oben angeführten antisemitischen Zitats von Ernst-Moritz Arndt:

»Ein Mann, der vieles klar erkennt,
und sich Hans-Jürgen Irmer nennt,
erklärt gekonnt den tief'ren Sinn
der Worte des Herrn Sarrazin,
der nicht and'res ausgeführt
wie man bei uns sich integriert
mit deutschem Kultus, deutscher Sprache
und das nicht nur als Nebensache.
Integration hat sich expandert,
wir sind in Deutschland unterwandert.
Das sag' ich ohne Unterlass
Und ist weiß Gott kein Fremdenhass.
Doch soll man wie in and'ren Ländern
Den Zuzug in der Anzahl bändern
Und man sollt beim Integrieren
Regelmäßig auch filtrieren.
Denn Menschen, die ganz anders denken,
und die meisten Kinder schenken,
leben, teilweise bequem,
von unserem Sozialsystem.
Moscheen gleichen Epigonen
Garantie für Fremd-Religionen,
die an deutscher Städte Achsen
inzwischen aus dem Boden wachsen.
In Zukunft ist's dann viel zu spät,
wenn auf dem Dom der »Halbmond weht.«[170]

Enthalten ist hier die gesamte Palette von populistischen xenophoben Vorstellungen, von kultureller Überfremdung, von biologischer Unterwanderung und vom »Sozialschmarotzertum«. Die von Sarrazin »geschöpften« Zahlen brauchen gar nicht mehr erwähnt zu werden, sie bilden den zementierten Wahrheitshintergrund für ein real gewor-

---

170 Bahners, a. a. O., S. 59 f.

denes Bedrohungsszenario. Kein geringerer als der derzeitige Hessische Ministerpräsident und stellvertretende CDU-Vorsitzende Volker Bouffier hat diesen Ball mit den folgenden Worten aufgenommen:

> »Wenn Menschen ständig Angst davor haben, dass sie irgendwo hochgebombt werden im Namen Allahs, dass sie dann eine kritische Haltung zu diesem Thema einnehmen, ich glaube, das kann jeder verstehen. (...) Die Faszination einer Multikulti-Gesellschaft ist hoffentlich überholt. Das vertritt ernsthaft ja niemand mehr«. Die »meisten Bürger« empfänden eine multikulturelle Gesellschaft nicht als Bereicherung. »Sie empfinden das als Bedrohung. Als Bedrohung ihrer Identität.«[171]

Statt Politik als Aufklärung zu verstehen, statt auf die Gleichheits- und Toleranznormen des Grundgesetzes (und nicht zuletzt der Verfassung des Landes Hessen!) hinzuweisen, werden hier von höchster politischer Stelle Vorurteile geschürt, die in einer auf republikanische Werte gründenden Gesellschaft keinen Platz haben dürfen. Die fast selbstverständliche Assoziation von mörderischer Gewalt mit dem Namen des Einen Gottes im Islam ist nicht nur eine kollektive Verdächtigung aller Muslime, sie ist auch eine Beleidigung einer ganzen Religionsgemeinschaft.

10.2 »Islamkritische Postkarten«

Wohl animiert durch die »Mohamed-Karikaturen« der rechtslastigen dänischen Tageszeitung *Jyllands-Posten*, die unter anderem den Propheten Mohamed mit einer Bombe im Turban als Terroristen zeigten, fühlten sich Nachahmer motiviert, ihrerseits ähnliche, allerdings gegen den Islam gerichtete hetzerische Produkte auf den Markt zu werfen. So wurden beispielsweise über das Internet-Portal *Politically Incorrect* so genannte *Islamkritische Postkarten* angeboten, von denen einige hier reproduziert werden sollen:

---

171   Zit. n. Frankfurter Rundschau, 26. November 2010, unter http://www.fr-online.de/politik/bouffier-verteidigt-islamfeinde/-/1472596/48 [26.11.10].

Das Bild zeigt einen Teich oder Tümpel, in den aus dem Koran Blut tropft. Um ihn herum knien Muslime in Gebetshaltung und schlürfen dieses Blut. Wieder einmal wird damit suggeriert, dass der Islam eine aggressive, blutrünstige Religion sei. Die Muslime berauschen sich an dem aus dem Buch ihrer Offenbarung rinnenden Blut: Der Koran ist also unmittelbar Ursache für die Gewalt, die allen muslimischen Gläubigen eigen ist.

Hinter einem Insekt, einer Raupe, sieht man einen betenden Muslim. Die Gebetshaltung ist identisch mit der Bewegung der Raupe. Damit wird suggeriert, dass der Betende gewissermaßen eine größere Ausgabe des Insekts ist, das Nutzpflanzen schädigt und vernich-

tet: Die Assoziation mit dem »Volksschädling« ist offensichtlich und gewollt. Diese Darstellung ist typisch für Rassismus, da dem Gegner seine menschlichen Eigenschaften abgesprochen werden und er auf eine Stufe mit Tieren, hier mit einem für viele unangenehmen Insekt, gesetzt wird.

Der damalige Bundesinnenminister Wolfgang Schäuble lässt sich von einem an Gewehr und Sprengstoffgürtel erkennbaren Terroristen in seinem Rollstuhl zum »German Kalifat« fahren. Angespielt wird hier offenkundig auf die von Schäuble

einberufene Islamkonferenz, die hier (Kalifat) mit der Idee des Gottes-
staates gleichgesetzt wird. Schäuble, damals Innenminister und obers-
ter Hüter der Verfassung, beeilt sich (»gib Gas«), den bürgerlichen
Rechtsstaat durch den islamischen Gottesstaat zu ersetzen.

Da auf der Internetseite Namen und Adresse des Vertreibers genannt
wurde, habe ich, gemeinsam mit einem ehemaligen Richter am Bayrischen Verwaltungsgerichtshof Strafanzeige wegen Volksverhetzung
beim zuständigen Amtsgericht Offenburg erstattet. Die Staatsanwaltschaft antwortete, dass die »angesprochenen Postkarten (...) bereits
Gegenstand diverser staatsanwaltlicher Ermittlungsverfahren« waren.
Ein Verfahren der Staatsanwaltschaft Köln »wurde vor dem Hintergrund, dass die Karikaturen nur ganz kurzfristig ins Internet eingestellt
worden waren, im Januar dieses Jahres gemäß § 153 StPO eingestellt.«
Nun ist in § 153 mitnichten von Fristen die Rede. Es ist ja auch nicht ein-
sehbar, dass eine mögliche Straftat dadurch als ungeschehen gilt, dass
sie »nur ganz kurzfristig« begangen wurde. Bei dieser Logik bleibt nur
noch die Frage, wie sich das wohl auf die Strafverfolgung bei Mord
auswirken würde. Daraufhin reichten wir beim zuständigen Oberstaats-
anwalt in Karlsruhe Beschwerde ein. Diese wurde als unzulässig abgelehnt, da

> »nur derjenige Antragsteller, der durch die behauptete Tat unmittel-
> bar in einem eigenen durch die in Betracht kommende materielle
> Strafnorm geschützten Rechtsgut betroffen wäre (anzeigeberechtigt
> ist). Das trifft für Sie hinsichtlich der von Ihnen angezeigten Straftaten
> nicht zu.« Ferner: »Die Staatsanwaltschaft hat das vorliegende Ver-
> fahren (...) zu Recht eingestellt. Sie ist hierbei in nicht zu beanstan-
> dender Weise davon ausgegangen, dass die Schuld der Beschuldigten
> als gering anzusehen wäre und dass kein öffentliches Interesse an der
> Strafverfolgung besteht.«

Hier dürften die Staatsanwaltschaften in Offenburg und Karlsruhe
Recht haben: Es besteht wohl kein öffentliches Interesse. Die Demütigung und Beleidigung von Millionen Menschen in unserem Land,
das Hetzen gegen sie, ihre Darstellung als Terroristen, Blutsäufer
und entmenschlichte Insekten erscheint in unserer Alltagskultur als

tolerierbar, vom Recht auf freie Meinungsäußerung gedeckt. Welcher Aufschrei wäre – zu Recht! – durchs Land gegangen, hätten sich diese Darstellungen gegen Juden gewandt. Genau an diesem Punkt unterscheidet sich der Fall der »islamkritischen Postkarten« wohl vom Fall des Holocaust-Leugners und Bischofs der Piusbruderschaft Williamson unterscheiden, der, britischer Staatsbürger und nicht in Deutschland wohnhaft, wegen seiner Holocaust-Leugnung vom Landgericht Regensburg in zweiter Instanz wegen des Tatbestands der Volksverhetzung zu einer Strafe von 6.500 € verurteilt wurde.[172] Hier bleiben Gleichberechtigung und Rechtsgleichheit auf der Strecke!

10.3 Henryk M. Broder

Einer der wichtigsten Stichwortgeber der islamfeindlichen Szene ist Henryk M. Broder. In seinem Buch »Hurra, wir kapitulieren«[173] geißelte er alles, was links, islamisch, multikulturell, humanistisch und tolerant ist. Seine zentrale These: Die Deutschen haben Angst vor dem Islam, ja sie sind schon »eingeknickt«. Mit dem ihm eigenen Zynismus lässt er die Leser seine suggestiven Gedankensprünge nachvollziehen. Etwa: »Aber da ist ja noch Osama Bin Laden. (…) Klar, er ist ein Killer, aber er hat auch Charisma. (…) Sein Wort ist Gesetz. So würde Oskar Lafontaine auch gerne regieren.«[174] Damit ist die Richtung klar: An allen Übeln sind die Gutmenschen schuld, die die Gefahr nicht sehen wollen, in der wir Deutsche und Europäer uns angesichts der islamischen Bedrohung befinden. Zu der katastrophalen Situation tragen nicht nur die ewig-gestrigen Linken bei, sondern auch »Islamversteher wie Galloway, Steinbach, Scholl-

---

172 http://www.zeit.de/gesellschaft/zeitgeschehen/2011-07/holocaust-williamson-urteil [12.12.11].

173 Broder, Henryk M.: Hurra, wir kapitulieren. Von der Lust am Einknicken, Berlin 2006.

174 A. a. O., S. 166.

Latour, Lüders«.[175] Die Feiglinge und Verräter reichen also weit bis ins
bürgerliche Lager!

In einer der vielen Ausgaben des *Spiegel*, die sich der Islamisierung
Europas widmen[176], werden alle erdenklichen Klischees gedroschen,
wobei als Belege ein bunter Mix von »einschlägigen« Fakten, Gerichts-
urteilen, Aussagen von Personen, aber auch von »wissenschaftlichen«
Kronzeugen wie Seyran Ates angeführt werden, die alle besagen: Wir
haben eine Parallelgesellschaft, »unsere« Gesetze gelten schon nicht
mehr für alle Bürger, die Islamisierung ist in vollem Gange.[177] Nicht
zufällig erscheint dort auch ein Bild von Wolfgang Schäuble auf der
Islamkonferenz mit der Bildunterschrift »Wertvorstellungen zur Dis-
position stellen«. Broder benennt in seinem Kommentar zusammen-
fassend die Thesen seiner Kampfschrift und die verräterischen Feiglinge:

> »Günter Grass, der als Goodwillgester gegenüber den in Deutsch-
> land lebenden Muslimen eine Kirche in eine Moschee umwandeln
> möchte; Hans-Christian Ströbele, der einen christlichen Feiertag
> gegen einen islamischen eintauschen will; Oskar Lafontaine, der
> »Schnittmengen zwischen linker Politik und islamischer Religion«
> entdeckt hat; ein Gericht, das einem Berliner Islamisten erlaubt,
> seinen Sohn Dschihad – Heiliger Krieg – zu nennen. Es ist ein lang-
> samer Prozess der Kapitulation vor dem scheinbar Unvermeidli-
> chen.«[178]

Diese Argumente sind ebenso plakativ wie verführerisch, ihre Aussagen so mit Halbwahrheiten gewürzt, dass sie emotionalisieren und
rationales Nachdenken verhindern. Was haben die oben Genannten
und Geschmähten denn wirklich gesagt? Es lohnt sich, die auf die
Erzeugung von Hysterie gerichteten Aussagen Broders näher zu betrachten:

---

175 A. a. O., S. 136.

176 Nr. 13, 26. März 2007. »Mekka Deutschland. Die stille Islamisierung.« Bro-
     der schrieb dort bis 2010, seit 2011 ist er bei der Welt.

177 S. den Beitrag »Haben wir schon die Scharia« von Kaiser, Simone u. a., in:
     Der Spiegel, 26. März 2007, S. 22-35.

178 A. a. O., S. 32 f.

- Was wäre denn schlimm daran, eine der vielen leer stehenden Kirchen im Sinne einer wirklichen, über die beiden (westeuropäischen) christlichen Kirchen hinausgehenden Ökumene einer muslimischen Gemeinde zu überlassen? Gebetet würde dort zu demselben Gott, der nun mal bei Juden und Muslimen andere Namen hat wie Jahwe oder Allah. Statt von »jüdisch-abendländischer Kultur« zu faseln, wäre dies eine Geste der Verbundenheit zwischen den drei monotheistischen Religionen. Und vielleicht eine symbolische Wiedergutmachung: Hunderte von Moscheen wurden in der französischen Kolonialzeit gewaltsam enteignet und in Kirchen oder Pferdeställe umgewandelt. Die Umwandlung einer Kirche in eine Synagoge würde dagegen das »Gotteshaus« seiner Bestimmung erhalten und könnte als Zeichen der Versöhnung und des wechselseitigen Respekts gelten.

- Wäre es wirklich schlimm, wenn die drittgrößte Religionsgemeinschaft in Deutschland (und die zweitgrößte in Frankreich) einen religiösen Feiertag als staatlichen Feiertag erhielte – mit all der Anerkennung der damit verbunden wäre? Zumindest katholische Feiertage gibt es in unserer Republik zuhauf.

- In der Tat kennt der Islam eine Vielzahl von sozialen Sicherungssystemen. Sie reichen von der *zakat*, der Pflichtabgabe vermögender Menschen für soziale Zwecke, bis zu den a*wqaf* (si.: *waqf*), den religiösen Stiftungen, die für Arme und Bedürftige sorgen. In fast allen, auch den säkularen islamischen Staaten gibt es ein eigenes Ministerium zur Verwaltung der *awqaf*. Die *zakat* ist sogar eine der fünf Säulen des Islam neben dem Glaubensbekenntnis, den Gebeten, dem Fasten und – soweit möglich – der Pilgerfahrt nach Mekka, deren Respektierung für jeden Muslim geboten ist.

- »*dschihad*« ist ein geläufiger arabischer Vorname. Er hat in der Tat eine religiöse Bedeutung wie all die anderen nach Propheten benannten gängigen Vornamen wie *Ibrahim* (Abraham), *Mussa* (Moses), *Younes* (Jonas), *Elyes* (Elias), *Issa* (Jesus) und viele andere mehr. Im Islam gibt es den großen und den kleinen *dschihad*. Der *große dschihad* ist der alltägliche Kampf des Individuums um ein gutes, tugendhaftes Leben gegen die Versuchungen des Alltags. Erst der *kleine dschihad* ist der bewaffnete Kampf gegen die Ungläubigen. Die Ungläubigen sind aber gerade nicht die monotheistischen Buchreligionen, die Juden und Christen, sondern die »Heiden«. Und selbst dort wo in der Diktion von Militanten wie Osama Bin Laden vom *dschihad* gegen den Westen die Rede ist, geht es um den Kampf gegen die atheistischen Vertreter des Westens, die – nach Sicht der Militanten – schon längst von ihrem Glauben abgefallen und keine Christen mehr sind.

Ein wenig mehr Rationalität und Wissen täte dieser Debatte gut. Genau dies aber soll durch Emotionalisierung verhindert werden. Doch Broder polemisiert auch auf seinem Internet-Portal »*Achse des Guten*« und im islamfeindlichen Portal »*Politically Incorrect*« mit allem, was das Zeug hält.[179] Eine vorläufige Krönung seiner Anti-Islam-Hetze lieferte er im Dezember 2011, nachdem ihm am 18. Dezember der »Ehrenpreis 2011« der deutsch-israelischen Gesellschaft in Aachen verliehen worden war. Er beschimpfte den israelischen Friedensaktivisten Reuven Moskowitz, der den Nazi-Terror auf dem Balkan überlebte und das Friedensdorf Newe Shalom in Israel gründete, als »nützlichen Idioten der linken Antisemiten«, nannte die Aachener Bürgermeisterin »ein grünes Spatzenhirn«[180] und hetzte gegen das »alternative, friedensbewegte rote Pack«.[181]

Wie kaum ein anderer verbindet Broder in seinen Polemiken bedingungslose Unterstützung für die Politik Israels mit widerlicher und oft sexistischer Islamhetze und einer Hasspropaganda gegen alles, was er selbst als links definiert. Da gerät ihm denn auch ein Artikel zur Skandaldebatte um den Bundespräsidenten Wulff zu einem Schmie-

---

179   Schneiders, Thorsten Gerald: Die Schattenseite der Islamkritik. Darlegung und Analyse der Argumentationsstrategien von Henryk M. Broder, Ralph Giordano, Neçla Kelek, Alice Schwarzer und anderen, in: Ders. (Hrsg.), a. a. O., S. 417-446.

180   http://www.achgut.com/dadgdx/index.php/dadgd/article/ein_plaetzchen_ in_aachen/ [20.12.11].

181   http://www.aachener-zeitung.de/artikel/1949941 [20.12.11]; s. auch http:// www.aixpaix.de/aachen/broder.html [20.12.11].

rentext, wenn er sich über dessen »übrigens tätowierte Frau« auslässt oder den Präsidenten karikiert, der »schwulenhassenden arabischen Despoten die Hand reicht.«[182] Es mag sein, dass es dieses kalauernde Gerede ist, das Sexismus mit Islamhetze und pro-israelischer Propaganda munter kombiniert, dass Broder eine eigene Sendung im Fernsehprogramm der ARD eingetragen hat.

Broders mediale Präsenz in TV- und Printmedien, seine Artikel und Kommentare in verschiedenen Internet-Portalen lassen ihn geradezu als Stichwortgeber für Teile der rechtsextremen Szene erscheinen. Christian Bommarius, der sonst massiv Linke und für Völkerverständigung und Toleranz argumentierende Personen attackiert, hat in der *Frankfurter Rundschau* vom 5. August 2011 eine Art Ratespiel veröffentlicht, in dem er Zitate aus Broders Buch »Hurra, wir kapitulieren« und aus dem »Manifest« von Anders Behring Breivik, des Amokschützen aus Oslo, in munterer Reihenfolge aufführt. Tatsächlich erweist es sich als schwierig, die Zitate eindeutig zuzuordnen, denn die Aussagen weisen einen hohen Grad von Übereinstimmung auf. Bommarius fragt:

> »Trägt der Autor Verantwortung für seine gedruckten Gedanken und gegebenenfalls – welche? In seinem Buch schreibt Broder: ›Es kommt nicht darauf an, was Bebel, Lassalle und Marx gemeint haben, sondern was Lenin, Stalin, Mao, Enver Hodscha und Walter Ulbricht daraus gemacht haben.‹ Wenn das zutrifft, ist Broder zu wünschen, dass Anders Breivik sein Buch nicht gelesen hat.
>
> Broder stellt dem (seinem) Buch, Breivik einem Kapitel (seines Manifests) das Motto Churchills voran: ›An appeaser is one who feeds a crocodile, hoping it will eat him last.‹ (Ein Abwiegler ist jemand, der ein Krokodil füttert und hofft, als Letzter gefressen zu werden). Churchill kritisierte damit das Zurückweichen der Europäer vor dem NS-Regime, Broder und Breivik das angebliche Zurückweichen der Europäer vor dem Islam. Die Perspektive, die sie einnehmen, die Worte, die sie dafür finden, ähneln sich auf teils verblüffende Weise. An manchen Stellen ist kaum zu unterscheiden, wer was geschrieben hat.«[183]

182 http://www.achgut.com/dadgdx/index.php/dadgd/article/schluss_mit_ der_angelawulffischen_langeweile/ [20.12.11].

183 http://www.fr-online.de/welche-waffen-erlaubt-der-kampf-/1472786,876 1014, view,asFirstTeaser.html [20.12.11].

Genau diese Frage stellt sich, denn viele der Aussagen sind inhaltlich
so weitgehend identisch, dass es schwer fällt, sie dem einen oder anderen Autor zuzuordnen. Diese Geistesverwandtschaft ist kein Zufall.
Broders Name taucht mehrfach als Referenz im »Manifest« Breiviks
auf, insbesondere, wenn es um die behauptete Gefahr der Übernahme Europas durch den Islam geht. Dass Breivik Broder nicht im Ori-
ginalton gelesen hat, ergibt sich aus der Tatsache, dass Breivik kein
Deutsch kann. Jedoch stand er wohl in engem Kontakt mit dem norwegischen Rechtsextremisten Peder Are Nostvold Jensen, der unter
dem Pseudonym *Fjordman* einen Internet-Blog betrieb. »Fjordman«
kannte die Schriften Broders und zitierte ausgiebig daraus. Gedanken
und Argumentationsfiguren Broders dürften Breivik also bekannt gewesen sein, was die teilweise Deckungsgleichheit der Ansichten beider erklären könnte.

»Fjordman« schrieb auch in dem von dem rechtszionistischen *David Horowitz Freedom Center* betriebenen Blog »*Jihad Watch*«.[184] »Fjordman« agitierte – wie Breivik und Broder – gegen muslimische Immigranten, Multikulturalismus und gegen die »Islamisierung Europas«.
Auch wenn also nicht bewiesen werden kann, dass Breivik sich durch
Broder für seine Taten inspirieren ließ, bleibt doch der geistige Zusammenhang zwischen ihren Denkweisen. Sie sind charakteristisch
für ein Milieu, das über Medien, vor allem über das Internet, große
Zahlen von Menschen erreicht und in dieser teil-virtuellen Welt extremistische Ansichten und Einstellungen verbreitet, die dann den Teil-
nehmern der schier unzähligen Blogs den Eindruck vermittelt, nicht
allein, sondern Teil einer großen und wichtigen Bewegung zu sein.

Überhaupt scheint Peder Jensen alias »Fjordman« Impulsgeber
für Breivik gewesen zu sein. Er hat unzählige Beiträge für den Blog
Gates of Vienna geschrieben, der mit einem Bild von der osmanischen
Belagerung Wiens aufmacht.[185] Dort weist er dem früheren fran-

---

184 Zum David Horowitz Freedom Center als Teil eines prozionistischen und
     islamophoben Netzwerks s. Fear, Inc: The roots of the Islamophobia net-
     work in America, in: Inamo, Nr. 68, Winter 2011, S. 20-21.

185 http://gatesofvienna.blogspot.com/ [08.01.12]. Dieses Portal ist offensicht-
     lich eine der zentralen Anlaufstellen für die Gesamtheit der im Internet ak-

zösischen Präsidenten Charles de Gaulle eine Hauptschuld an der Islamisierung Europas zu, weil dieser, frustriert wegen des Verlusts der französischen Kolonien in Afrika und dem Nahen Osten, eine »strategische Allianz mit der arabischen und der muslimischen Welt« eingegangen sei, um so ein Gegengewicht gegen die Dominanz der USA und der Sowjetunion aufzubauen. »Das eurabische Projekt wurde zu einer erweiterten Vision der anti-amerikanischen gaullistischen Politik.«[186] So überlagert eine Verschwörungstheorie die andere, um (a) den Kolonisierungswillen des Islam zu beweisen und (b) das Lager der »Verräter« des christlichen Europas bis in die bürgerliche Mitte auszudehnen.

Die Argumentationsmuster Broders finden sich auf der ganzen Palette islamfeindlicher Internetseiten. Und immer wieder erscheint als zentrale deutsche Plattform *Politically Incorrect*. Dort schreibt dann beispielsweise der Publizist und Blogger Michael Mannheimer, der den Amoklauf Breiviks zur Opfertat und die Opfer zu Tätern macht:

> »Die westlichen Verteidiger des Islam sind Kollaborateure der islamischen Hassideologie, haben Muslime millionenfach in ihre Länder geholt und das Gesicht Europas in einem historisch beispiellosen Ausmaß bis zur Unkenntlichkeit verunstaltet. Sie haben damit den Willen der überwiegenden Mehrheit der indigenen Europäer vergewaltigt und sind daher die wahren Verantwortlichen für das Norwegen-Massaker.«[187]

In Richtung einer Relativierung der Morde in Oslo und Utoya geht auch Broders eigener Kommentar, der, von *Politically Incorrect* verlinkt, auf seiner Seite *Achgut* erschienen ist.[188] Broder verweist auf die Morde in Lüttich am 13. Dezember 2011 und auf den »Migrations-

tiven Islamkritiker. S. Schatz, Dagmar: Islamophobie und Rechtspopulismus, in: Inamo, Nr. 68, Winter 2011, S. 27-32, hier S. 29.

186 http://gatesofvienna.blogspot.com/2006/10/eurabia-code_19.html [08.01.12].

187 http://michael-mannheimer.info/2011/07/23/politisch-inkorrekte-gedanken-zum-norwegen-massaker/ [20.12.11].

188 http://www.achgut.com/dadgdx/index.php/dadgd/article/das_schweigen2/?mid=552 [20.12.11].

hintergrund« des Amokläufers: »Irgendetwas mit Nordafrika oder
so«. Damit steht der Topos Islam wieder auf der Tagesordnung, nicht
aber der schlechthin kriminelle Hintergrund des Täters. Broder
schreibt, »nur fünf Tote und über hundert Verletzte« genügten wohl
nicht, »um die Gutmenschen wach zu rütteln.« Es sind diese Gutmenschen, die Europa an den Islam verraten. Daher wird klar zum
Ausdruck gebracht oder zumindest suggeriert: Nicht der Islamhass,
nicht die Rechtsradikalen und Rassisten sind schuld an dem massenhaften Mord an Kindern und Jugendlichen in Utoya, nein, es sind die
norwegischen Sozialdemokraten, die Gutmenschen, die Linken. In
perfider Weise werden die Opfer zu Tätern gemacht.

10.4 Ralph Giordano

Giordano überlebte den Nazi-Terror und die drohende Vernichtung mit seiner Familie in einem Keller-Versteck seiner Heimat-
stadt Hamburg. Nach dem Krieg engagierte sich der Journalist und
Filmautor auch politisch als Mitglied der KPD. Als Sohn einer jüdischen Mutter verstand er sich als Jude, schrieb für die *Allgemeine
Jüdische Wochenzeitung* und beobachtete für den Zentralrat der Juden
die NS-Prozesse in Nürnberg. In zahlreichen Büchern arbeitete er
die Nazi-Zeit auf, engagierte sich gegen Neo-Nazis und untersuchte
kritisch die Traditionspflege in der Bundeswehr. Er gehörte zu den
massiven Kritikern der rassistischen Anschläge in Hoyerswerda und
Mölln. 9/11 scheint für ihn ein Schlüsselerlebnis gewesen zu sein.[189]
Ab da entdeckte er den neuen Feind, der nunmehr den alten Feind
des Nazismus überlagert. Geradezu als Bruch mit der eigenen Vita
und seinem bisherigen politischen Engagement muss seine offene
Unterstützung des Krieges der USA gegen den Irak im Jahre 2003
erscheinen. Bereits hier erscheint die Sicht, dass alles Islamische die

---

189 S. den subtilen Aufsatz von Brumlik, Micha: Das halbierte Humanum.
     Wie Ralph Giordano zum Ausländerfeind wurde, in: Schneiders, a.a.O.,
     S. 483-489.

neue zivilisatorische Bedrohung sei – auch wenn Saddam Hussein ein säkularer Diktator und alles andere als ein gläubiger Moslem war.

In seiner zweiten Heimat Köln engagierte sich Giordano gegen den Bau einer geplanten Moschee im Stadtteil Ehrenfeld. Schnell wurde er für die extrem rechte Bewegung »Pro Köln« zu einer Galionsfigur, obwohl er sich von den »nazistischen, rechtsextremen, fremdenfeindlichen« Motiven der Bewegung immer wieder distanzierte.[190] Dennoch trat Giordano auf der »Kritischen Islamkonferenz« im Sommer 2008 in Köln auf, die zwar eher vom antideutschen Spektrum getragen wurde, aber in Tenor und Wortwahl eine durch und durch rassistische anti-islamische Veranstaltung war und Slogans bemühte, die nahezu wortgleich sind mit denen von Pro Köln. Giordano hielt auf der Konferenz das Einleitungsreferat, in dem er den geplanten Moscheebau zum zentralen Gegenstand machte. Mit Blick auf den Islam sprach er ähnlich wie Broder und Sarrazin und identifizierte gleich zu Beginn den Feind, dem er sich gegenüber sah:

> »(...) diese Chefanklage deutscher Umarmer, Gutmenschen vom Dienst, Multikulti-Illusionisten, xenophiler Einäugiger und unbelehrbarer Beschwichtigungsdogmatiker.«[191] Und sah sich in »einem Kampf an zwei Fronten: gegen die Instrumentalisierungsversuche der Rechten und gegen die Diskriminierung von links.«

Doch dann kam das Bekenntnis:

> »Heute kann mit Genugtuung gesagt werden, dass der inzwischen bundesweit gestreute Protest gegen die Absichten einer schleichenden Islamisierung das Problem endlich aus der Schmuddelecke des deutschen Rechtsextremismus und -populismus herausgeholt und ihn zu einer seriösen Institution des öffentlichen Diskurses gemacht hat.

Dabei ist nicht die Moschee – der Islam ist das Problem. Ist er reformierbar, ist er modernisierbar? Sind Islam und Scharia, das islamische

---

190   http://www.spiegel.de/politik/deutschland/0,1518,488040,00.html [21.12.11].

191   http://hpd.de/node/4706 [04.06.08]

»Rechtssystem«, in Übereinstimmung zu bringen mit Demokratie, Menschenrechten, Meinungsfreiheit, Pluralismus und, dies der Kernpunkt überhaupt, mit der Gleichstellung der Frau? ...

> »Ich zitiere: ›Es beschämt uns, dass Gewalt gegen Frauen ein islamisches Problem ist; es beschämt uns, dass Gewalt gegen Kinder ein islamisches Problem ist; es beschämt uns, dass Gewalt gegen Andersgläubige ein islamisches Problem ist.‹«

Ist es denn wirklich so, dass Gewalt gegen Frauen und Kinder ein islamisches Problem ist? Wohnen in Frauenhäusern nur Muslimas? Sind die immer häufiger gemeldeten Fälle von Kindesmisshandlung bis hin zur Tötung ein religiöses Merkmal der Muslime oder der Mehrheitsgesellschaft? Hängen solche Taten nicht auch zusammen mit zunehmender sozialer Verelendung und Verwahrlosung – unabhängig von der Religionszugehörigkeit? Ja sind diese scheußlichen Vorkommnisse überhaupt in muslimischen Familien häufig oder gerade nicht? Doch vielleicht bedrängt Giordano mehr die eigene Vergangenheit als »der Islam«:

> »Immer dunkler fällt über das gerade begonnene 21. Jahrhundert ein Schatten, von dem es [Europa; W. R.] sich tödlich bedroht sieht – der Schatten eines neuen, eines – nach Hitler und Stalin – dritten Totalitarismus.«
> Es ist die Bedrohung der kulturellen und geistesgeschichtlichen Wurzeln unseres Kontinents durch den Sieg des islamisch-fundamentalistischen Gottesstaats über die Welt.«

Diese Grundsatzrede ist lang. Sie in Gänze zu lesen, ist lohnend, distanziert sich Giordano doch immer wieder von den braunen Ewig-Gestrigen. Gerade deshalb bleibt sein Satz, dass »das Problem endlich aus der Schmuddelecke des deutschen Rechtsextremismus und -populismus herausgeholt und (...) zu einer seriösen Institution des öffentlichen Diskurses gemacht« worden ist, bedenklich und entlarvend zugleich. Niemand müsste es besser wissen als er: Kam nicht schon einmal ein solcher Diskurs aus der (rechten) »Schmuddelecke« und wurde zu einer »seriösen«, ja totalen Institution des öffentlichen Diskurses? Trotz all seiner Proteste hatte »Pro Köln«, das heute landesweit als »Pro NRW« agiert, die Botschaft verstanden und Giordano zur unverdächtigen Referenz der Bewegung gemacht.

Inzwischen hat sich Giordano zum bedingungslosen Fürsprecher der Thesen Thilo Sarrazins erhoben. In geradezu kultischer Verehrung des Autors von »Deutschland schafft sich ab« hat er »zehn Thesen« veröffentlicht, in denen er die krassesten Behauptungen Sarrazins aufgreift und teilweise mit eigener »Empirie« anreichert. Zum Schluss einer jeden »These« folgt ritualisiert der Satz » – so lange hat Thilo Sarrazin recht.«[192] Nichts zeigt besser, welche Mutationen in der Person des Ralph Giordano vor sich gegangen sind. Es zeigt aber auch, wie tief xenophobe Klischees bei Menschen sitzen können, die einst selbst Opfer von Rassismus waren.

10.5 Die »Antideutschen«

Bei dieser Gruppierung handelt es sich um eine diffuse Strömung, die kaum über organisierte Strukturen, jedoch bei aller zahlenmäßigen Schwäche über eine bemerkenswerte mediale Präsenz verfügt.[193] Die Antideutschen wollen sich aber verstehen als linke Gruppierung. Sie entstammen ursprünglich zum größten Teil dem antifaschistischen Spektrum.[194] Die deutsche Vereinigung des Jahres 1990 löste in diesem Spektrum Ängste bezüglich einer neuen Großmachtrolle des vereinigten Deutschland aus. Es mag auch sein, dass Teile der Antideutschen inspiriert wurden durch die Arbeit von Daniel Gold-

---

192 http://www.pi-news.net/2010/09/giordanos-zehn-thesen-zur-integrations-debatte/ [22.12.11].

193 Neben der inzwischen unregelmäßiger erscheinenden Zeitschrift Bahamas, die bisweilen als »Zentralorgan« der Bewegung bezeichnet wird, und der Phase 2 gehören zu diesem Spektrum die Wochenzeitung Jungle World und, in seiner Tendenz widersprüchlicher, das Monatsmagazin Konkret.

194 Schmid, Bernhard: Deutschlandreise auf die »Bahamas«. Vom Produkt der Linken zur neo-autoritären Sekte, in: Hanloser, Gerhard (Hrsg.): Sie war'n die Antideutschesten der deutschen Linken, Münster 2004, S. 15-64.

hagen[195], der argumentiert, dass »die Deutschen« in besonderer Weise anfällig für Judenhass und Faschismus seien und der die These vom »eminent antisemitischen und vernichtungsbereiten Nationalcharakter der Deutschen« aufstellte[196], Goldhagen prägte wohl auch den Begriff »Eliminationismus«[197], der im antideutschen Diskurs immer wieder unter der Bezeichnung »eliminatorischer Antisemitismus« aufscheint. Tatsache ist, dass diese Strömung in der Mitte der 90er Jahre ihren Faschismusbegriff dahingehend veränderte und verengte, dass er ausschließlich auf den Antisemitismus reduziert wurde. Dieser wiederum abstrahiert zunehmend von der Feindschaft gegen »die Juden« und verengt sich auf die Kritiker der israelischen Politik. Kritik an Israel wird dann als zentrales Markenzeichen des Antisemitismus verstanden. Neben diesem Kernelement definieren sich die Antideutschen grundsätzlich als »links«, wobei allerdings jede Kritik am Kapitalismus unterbleibt, da dies ja als Kritik der USA verstanden werden könnte.[198] So reduziert sich der gemeinsame Hauptnenner antideutschen Selbstverständnisses auf die bedingungslose Unterstützung Israels und der USA. Die Gruppierung spielt innerhalb der Partei DIE LINKE eine gewisse Rolle, wo sie innerhalb der Jugendorganisation »Solid« einen eigenen Bundesarbeitskreis, BAK Shalom, gegründet hat.

Bei solcher Art von Reduktionismus stellt sich die Frage, inwieweit diese Strömung, die einst aus dem linken Spektrum kam, heute überhaupt noch als »links« gelten kann. Aus theoretischer Sicht hat dies Isabel Erdem[199] brillant herausgearbeitet:

---

195 Goldhagen, Daniel, Hitlers willige Vollstrecker (Hitlers Willing Executioners), Berlin 1996.

196 Vgl. Frankfurter Allgemeine Zeitung, 15. April 1996.

197 S. die vernichtende Rezension seines Buches »Schlimmer als Krieg. Wie Völkermord entsteht und wie er zu verhindern ist«, München 2009, in: Frankfurter Allgemeine Zeitung, 27. Januar 2010.

198 Kurz, Robert: Die antideutsche Ideologie, Münster 2003.

199 Erdem, Isabel: Anti-deutsche Linke oder anti-linke Deutsche?, in: Utopie kreativ, Nr. 182 (Oktober 2006), S. 926-939.

»im Sinne fast der Totalitarismustheorien wird also statt der traditionellen linken Staateneinteilung in ›kapitalistische Staaten mit demokratischen Antlitz‹ und ›kapitalistisch-faschistische Diktaturen‹ das
wesentliche Kapitalismuselement gestrichen und die Welt in ›zivilisatorische Demokratien‹ und ›faschistisch-antisemitische Diktaturen‹
eingeteilt. Dass hierbei der Zusammenhang zwischen beiden sowie
die Interessenlage der ›Demokratien‹ an den ›Diktaturen‹ verloren
gehen, ist offensichtlich.«[200]

Ein zentraler Punkt der Antideutschen ist denn folgerichtig auch das
Verhältnis zum Krieg, das in Deutschland geprägt sei von einer apo-
kalyptischen und deshalb verurteilenswerten Vorstellung, während
die USA auf der Grundlage ihrer fundamentalen Werte ein positives
Verhältnis zum Krieg haben (müssen):

»Wie anders ist dagegen der Blick aus Amerika, wo Kriege seit der
Revolution immer einem klar formulierten Ziel gedient haben, das
(…) am besten mit dem Wort ›Freiheit‹ zu umschreiben ist: Ob gegen
die britische Krone, den spanischen Kolonialismus, Emperor Wilhelm, die Nazis oder den Kommunismus (…) der Kampf gilt ›der
Freiheit‹«.[201]

Dieser Diskurs verharrt auf der dünnen Oberfläche von Kriegsbe-
gründungen, wie es noch nicht einmal den Ultra-Konservativen in
den USA selbst in den Sinn kommt, denn jenseits aller Freiheits-
rhetorik sprechen diese durchaus auch noch von Interessen. Da verwundert es nicht, dass in antideutschen Kreisen der Krieg gegen den
Irak, den ob der von den USA vorgeschobenen Lügen noch nicht
einmal der Sicherheitsrat der Vereinten Nationen absegnen mochte,
zur »zivilisatorischen Tat« geriet. Da sie sich aber irgendwie für eine
Speerspitze der Linken halten oder darstellen wollen, erscheinen sie
bei Demonstrationen mit Roten Fahnen, der Fahne Israels und der
Fahne der USA. Die Reduktion des Antifaschismus auf den (antijüdischen) Antisemitismus prägt denn auch die Interpretation der Anschläge von 9/11:

---

200 A.a.O., S. 929.
201 Uwer / von der Osten-Sacken, zit. n. Schmid, a.a.O., S. 63.

»Der Terror galt dem verhassten jüdischen Amerika, und der
Wunsch der islamistischen Fundamentalisten, es zu vernichten, ist
identisch mit ihrem Verlangen, die Juden in Israel ins Meer zu trei-
ben.«[202]

Nun wurde am 11. September 2001 auch das Pentagon angegriffen
– ein antisemitischer Akt? Dass es gerade im Nahen Osten durchaus Hass auf die USA und den Staat Israel gibt, könnte anhand der
Geschichte erklärbar sein und muss nicht ausschließlich im Wesen
»des Islam« gesucht werden. »Anti-Amerikanismus« ist auch keine
arabisch-islamische Besonderheit – man lese nur die Kommentare
zu 9/11 in den lateinamerikanischen Zeitungen, die Parallelen zum
Putsch gegen Salvador Allende zogen, der ja am 11. September 1973
stattfand. Ein 11. September (1990) war auch das Datum, an dem
Präsident George Bush – nach dem offenkundigen Ausscheiden der
Sowjetunion aus der Weltgeschichte – in seiner Rede vor dem US-
Kongress den Beginn einer »neuen Weltordnung« verkündete.

Der auf den »eliminatorischen Antisemitismus« verengte Blick
wird also weder der Geschichte gerecht, noch kann er einen linken
Standpunkt beanspruchen, verzichtet er doch auf jede Kapitalis-
muskritik, beruft sich nicht mehr auf humanistische Prinzipien und
entsorgt im selben Atemzug den Imperialismus: Die USA (und inzwischen in ihrem Gefolge Europa) verfolgen keine Interessen mehr,
sondern kämpfen weltweit für »die Freiheit«. Weltgeschichte findet
nur noch im Nahen Osten statt und in Deutschland nur soweit, wie
die Gutmenschen die islamische (= antisemitische) Gefahr klein re-
den. Die einfache Formel lautet Antisemitismus + Antiamerikanismus
+ Islam = eliminatorischer Antisemitismus = islamischer Faschismus.[203] Zugleich aber wird mit der antiislamischen Hetze eine perver-
se Bewältigung der deutschen Vergangenheit betrieben. Isabel Erdem
schreibt treffend:

---

202 Jungle World, 26. September 2001, zit. n. Wetzel, Wolf: Vom linken Belli-
     zismus zum anti-deutschen Befreiungsimperialismus, in: Hanloser (Hrsg.),
     a. a. O., S. 105-130, hier S. 118.

203 Leicht abgewandelt nach Wetzel, a. a. O., S. 119.

>>Dadurch, dass die Islamisten zu den >>besseren Nazis<< erklärt wer-
den, hat man seinen Feind und die eigene Geschichte ganz weit in die
Ferne und außer Reichweite entsorgt und kann guten Gewissens (…)
wieder Krieg fordern.<<[204]

Der aber muss geführt werden, weil der Islam schlimmer noch als der
Faschismus sei, denn er richte sich gegen Israel als den Staat der Juden.

Es ist hier nicht Raum genug, die diversen politischen Aktivitäten
der Antideutschen zu dokumentieren, die von Demonstrationen, Protesten gegen pro-palästinensche oder Israel-kritische Veranstaltungen
oder Filme reichen. Zwei Ereignisse jedoch spielten eine besondere
Rolle, da sie in der bundesdeutschen Politik hohe Beachtung fanden.
Zum ersten ist da zu nennen die vom Berliner >>Mideast Freedom Fo-
rum<< im Mai 2008 veranstaltete Konferenz >>Business as usual? Das iranische Regime, der Heilige Krieg gegen Israel und den Westen und die deutsche
Reaktion.<< Das Mideast Freedom Forum ist eine militante Lobby-Orga-
nisation, die sich insbesondere den Kampf gegen das iranische Regime
zum Ziel setzt.[205] An der Konferenz nahmen neben mehreren israelischen Kriegsbefürwortern auch Henryk M. Broder teil sowie Thomas
von der Osten-Sacken, einer der prominenteren Vertreter der Antideutschen. Er forderte, >>den Islam-Nazis (…) aufs Maul zu hauen, (sie) zu
verknasten und umzubringen.<<[206] Statt Protesten gegen diesen offenen

---

204 Erdem, a.a.O., S. 937.

205 >>Das MFFB ist ein Zusammenschluss aus Wissenschaftler/innen, Publizist/
innen, Mitgliedern jüdischer Organisationen und Exiliraner/innen. Das
Eintreten für die Sicherheit und Souveränität Israels und die Bekämpfung
von Antisemitismus, Israelfeindschaft und Islamismus sind uns elementare
Anliegen. (…) Das MFFB fordert umfassende politische und wirtschaftliche
Sanktionen und die Unterstützung aller demokratischen Oppositioneller,
die einen Regime Change im Iran herbeiführen wollen.<<, unter http://
www.mideastfreedomforum.org/index.php?id=273 [23.12.11].

206 http://www.mideastfreedomforum.org/index.php?id=105&L=wwoeom-
jy#c422 [23.12.11]. Bis vor einiger Zeit konnten dort die Redebeiträge von
Broder und Osten-Sacken im O-Ton heruntergeladen werden, dies ist inzwischen nur noch für die Grußworte möglich. S. auch den Bericht von Ali
Fathollah Nejad, unter http://zmag.de/artikel/201ebusiness-as-usual201c-
201eaufs-maul-hauen [23.12.11].

Aufruf zum Mord erntete er großen Applaus. Von polizeilichen oder
staatsanwaltlichen Ermittlungen war nichts zu hören.

Am 19. Mai 2011 berichtete die *Frankfurter Rundschau* über eine
»Studie« des an der Universität Gießen tätigen Privatdozenten Samuel
Salzborn und des prominenten Antideutschen Sebastian Voigt. Zentrale These des Papiers ist, »dass der antizionistische Antisemitismus
innerhalb der ›Linken‹ inzwischen zu einer weitgehend konsensfähi-
gen Position geworden ist.« In einer Kompilation von Aussagen von
Politikern der Linkspartei vor allem aus der Bundestagsfraktion und
dem Verweis, dass drei Abgeordnete der Fraktion sich an der Gaza-
Hilfsflotte des Jahres 2010 beteiligt hatten, wird versucht, den Beweis
anzutreten, dass diese Äußerungen und Aktionen, weil israelkritisch,
eben auch antisemitisch seien.[207] Während die Autoren darauf verzichten, die Begriffskonstruktion »antizionistischer Antisemitismus«
zu klären, wird im einleitenden Teil »Theoretische Referenzpunkte:
Marx und Kautsky« sehr knapp und fast ausschließlich der Antisemitismus im 19. und beginnenden 20. Jahrhunderts angesprochen. Ein
kurzer Absatz behauptet schlicht, der Begriff des »antizionistischen
Antisemitismus« sei »innerhalb der sozialwissenschaftlichen Antisemitismusforschung vielfältig diskutiert worden«. Diese Behauptung
wird mit wenigen nur bedingt einschlägigen Literaturhinweisen »belegt«.

Danach folgt als einzige Konkretisierung eine zusammengefasste
Antisemitismus-Definition des »*European Forum on Antisemitism*«. Hinter dem klangvollen Namen verbirgt sich eine ziemlich unbekannte
und wissenschaftlich völlig irrelevante zionistische Lobby-Organisa-
tion.[208] Kurzum, eine solche »Studie« entspricht nicht den Mindestan-
forderungen an wissenschaftliches Arbeiten. Entgegen dem behaup-
teten Anspruch erweist sich das Papier als eine flott, aber absichtsvoll
zusammengestückelte Agitationsschrift mit klarer politischer Zielset-

---

207 Zur Unhaltbarkeit solcher Gleichsetzung s. Zuckermann, Moshe: »Linker
     Antisemitismus« im Visier, in: Der Semit, Nr. 6/2011, S. 11-14.

208 http://www.european-forum-on-antisemitism.org/about-us/ [23.12.11]. Ne-
     ben dem Text über Selbstverständnis und Aufgaben des Forums mangelt es
     auch der Link-Liste nicht an Eindeutigkeit.

zung: Es geht darum, die Linke ebenso wie die Partei DIE LINKE als antisemitisch zu diffamieren.

Auf ein anderes »elementares Defizit« des Papiers verweist Moshe Zuckermann:

> »Da ja der Antisemitismus in der ihr [der Untersuchung; W. R.] unterliegenden Begriffsbestimmung dem Antizionismus verschwistert wird, darf es erst gar nicht dazu kommen, dass der staatliche Träger des Zionismus – Israel – irgendetwas dazu beigetragen haben könnte, ihn kritikwürdig zu machen. Wenn man Antisemitismus, Antizionismus und Israelkritik in eins setzt, muss Israel als ein Unschuldslamm, mithin als naives Opfer einer a priori bestehenden und wirkenden Verschwörung erscheinen.«[209]

Doch das Papier bewirkte, was es bewirken sollte: Innerhalb der Partei »Die LINKE« brach ein heftiger Streit mit zum Teil haltlosen Beschuldigungen aus. Die bürgerliche Presse griff die Debatte auf, berichtete genüsslich[210] und erreichte damit, was die Autoren vermutlich beabsichtigten: Die Partei vorzuführen und den Spaltpilz in das junge Konstrukt aus PDS und WASG zu tragen. Genau hier wie auch in der Ideologie der Antideutschen zeigt sich, dass diese Gruppierung längst dorthin geraten ist, wo sie am meisten Applaus und Anschlussfähigkeit findet: Bei der politischen Rechten, die genüsslich in die Debatte einstieg, ermöglichte diese doch abermals die Entsorgung der eigenen Vergangenheit und den scheinbaren Nachweis, dass DIE LINKE den Konsens der Demokraten verlassen habe.[211]

10.6 Anti-islamische Websites

Erst die Mordserie des »Nationalsozialistischen Untergrunds«, die zum Jahresende 2011 bekannt wurde, scheint allmählich die Auf-

---

209 Zuckermann, a. a. O., S. 14.

210 S. auch Süddeutsche Zeitung, 21. Mai 2011.

211 Zu den Überlappungen zwischen Rechtsextremismus und pro-israelischer Agitation s. auch die gut recherchierte Sendung http://www.3sat.de/page/ ?source=/kulturzeit/themen/158965/index.html [22.12.11].

merksamkeit der Behörden auch auf diese Internet-Seiten zu lenken, obwohl sie seit Jahren bekannt sind und mehrfach Strafanzeigen gestellt wurden.[212] All dies hat Staatsanwälte und Verfassungsschutz Jahre lang nicht dazu veranlasst, Ermittlungen einzuleiten – als ein Beispiel siehe die oben erwähnten »Postkarten«.

An erster Stelle ist hier die Seite *Politically Incorrect* (PI) zu nennen, die schon mehrfach erwähnt wurde und die aufgrund der Zahl von nach eigener Zählung rd. 60.000 Zugriffen pro Tag wohl als eine der prominentesten und einflussreichsten gelten kann. PI verlinkt auch zahlreiche weitere rechte und rassistische Websites wie *Zukunft-CH*, *Bürgerbewegung Pax Europa*, *Bürgerbewegung der Sozial-Konservativen Deutschlands* u. ä. Wie eindeutig hier NS-Gedankengut vertreten wird, »rechnete« PI vor, indem die Seite behauptete, dass durch »islamische Eroberungen« und »marxistische Verbrechen« mehr Menschen ermordet worden seien als durch Neo-Nazis – und auch als im Holocaust.[213]

Jenseits der bereits mehrfach erwähnten Seite von PI (so das gängige Kürzel, über das die Seite auch im Internet aufzurufen ist) existiert ein Vielzahl von weiteren Seiten, von denen hier nur zwei genannt werden sollen:

Die **Bürgerbewegung Pax Europa**.[214] Diese Organisation wurde gegründet von Udo Ulfkotte, der anti-islamische Agitation betrieb und Kontakte zu diversen rechten Organisationen pflegte. 2008 trat er aus dem Verein aus, dem er rassistische und möglicherweise volksverhetzende Aktivitäten vorwarf. Die *Bürgerbewegung Pax Europa* hat sich als eingetragener Verein konstituiert und ist als gemeinnützig anerkannt. Sie definiert ihre Ziele folgendermaßen:

---

212   http://www.fr-online.de/politik/politically-incorrect-das-tribunal-der-islamhasser,1472596,11385126.html [04.01.12].

213   http://www.fr-online.de/politik/politically-incorrect-das-tribunal-der-islamhasser,1472596,11385126.html [04.01.12].

214   http://www.buergerbewegung-pax-europa.de/verein/index.php. [08.01. 12].

»[Der Verein] ist ausschließlich der Bewahrung der christlich-jüdischen Tradition unserer europäischen Kultur und der Erhaltung der freiheitlich-demokratischen Grundordnung verpflichtet. Der Verein will über die schleichende Islamisierung Europas aufklären. Er richtet sich nicht ›gegen die Muslime‹, er tritt vielmehr für den Erhalt des christlich-jüdisch geprägten europäischen Werteverbundes ein.

Der Verein legt Wert darauf, sich klar von Rechtsextremisten und Ausländerfeinden abzugrenzen und wird diese nicht aufnehmen.«[215]

Deutlicher wird der Verein, wenn er auf seiner Seite »häufig gestellte Fragen« beantwortet:

»Die BÜRGERBEWEGUNG PAX EUROPA e. V. (BPE) hat es sich als Menschenrechtsorganisation zur Aufgabe gemacht, rückhaltlos über die Gefahren der Islamisierung Europas und auch der restlichen zivilisierten Welt aufzuklären und diese Islamisierung mit allen legalen Mitteln zu verhindern. (…) Dazu ist es notwendig, den Einfluss selbsternannter Verbände und deren Vertreter, die zu Unrecht beanspruchen für »die Muslime« zu sprechen sowie deren Fürsprecher, zu begrenzen und deren Verstrickungen in kriminelle, extremistische und terroristische Machenschaften aufzudecken.«

Der Verein besitzt auch einen Verlag, über den er einschlägige islamfeindliche Schriften vertreibt, wie beispielsweise die von Karl Albrecht Schachtschneider, der u. a. als Redner auftritt bei der Bürgerbewegung Pro Köln, bei der österreichischen Rechtspartei FPÖ, bei der Sommerakademie der rechten Zeitung *Junge Freiheit* und bei diversen Burschenschaften.[216] Der Verlag bietet auch eine CD, die den Auftritt des niederländischen Islamhassers Geert Wilders, Vorsitzender der Partei für die Freiheit, dokumentiert. Wilders war von dem inzwischen aus der CDU ausgeschlossenen Mitglied des Berliner Abgeordnetenhauses René Stadtkewitz nach Berlin eingeladen worden mit der Perspektive der Gründung der Partei »Die Freiheit«, deren Bundes- und Landesvorsitzender Stadtkewitz ist. Chef des Verlages ist Wilfried Puhl-Schmidt, Autor der oben abgebildeten und über PI vertriebenen »islamkritischen Postkarten«.

---

215 http://www.buergerbewegung-pax-europa.de/verein/index.php [08.01.12].

216 http://de.wikipedia.org/wiki/Karl_Albrecht_Schachtschneider [08-01-12].

Darüber hinaus gibt der Verein die Monatsschrift »BürgerForum« heraus. Dort finden sich die üblichen Klischees über den Islam, die Kriminalität von (muslimischen) Migranten und vor allem Hinweise auf den angeblich antisemitischen Charakter des Islam und Beschwörungen der Solidarität mit Israel. Die BPE vergibt auch den Hiltrud-Schröter-Freiheitspreis[217], der im Frühjahr 2011 an Stefan Herre vergeben wurde, den Gründer des Internet-Portals *Politically Incorrect.*

Das Projekt **Nürnberg 2.0** bezieht sich auf die Nürnberger Prozesse, in denen die Nazi-Kriegsverbrecher verurteilt wurden. 2.0 steht für das Ziel, ein zweites Nürnberger Tribunal einzurichten, in den Worten der Betreiber:

> »›Projekt Nürnberg 2.0‹ – Aufbau einer Erfassungsstelle zur Dokumentation der systematischen und rechtswidrigen Islamisierung Deutschlands und der Straftaten linker Faschisten zur Unterdrückung des Volkes. (...)
>
> Aufgabe des Projektes ›Nürnberg 2.0‹ ist es, diese Rechtsverstöße zu erfassen, die Verantwortlichen zu benennen und sie zu einem geeigneten Zeitpunkt öffentlich dafür, nach dem Muster des Nürnberger Kriegsverbrecher-Tribunals von 1945, mit rechtstaatlichen und demokratischen Mitteln zur Verantwortung zu ziehen.«[218]

Bei diesem Projekt handelt es sich also klar um eine Art von »Vorermittlungen« gegen Personen des öffentlichen Raums, die nach Meinung der Betreiber »deutsches Recht gebeugt oder verletzt haben« oder »durch linke Ideologie aktiv die Zerstörung unseres Heimatlandes betreiben.«[219] Erfasst werden insbesondere Richter, Staatsanwälte, Politiker, Wissenschaftler und Kirchenvertreter. Nach Berufsgruppen geordnet werden Namen von Personen mit Geburtsort und Geburts-

---

217   Hiltrud Schröter, war Lehrerin und Publizistin, den Islam nannte sie »Politreligion und totalitäre Ideologie« und »drittes totalitäres System nach Faschismus und Kommunismus.« http://de.wikipedia.org/wiki/Hiltrud_Schr%C3%B6ter#cite_note-0 [08.01.12].

218   http://wiki.artikel20.com/index.php?n=Main.HomePage [08.01.12].

219   http://wiki.artikel20.com/index.php?n=Verantwortliche.Verantwortliche [08.01.12].

datum aufgelistet und mit Angaben versehen, die geradezu Steckbrief-charakter haben. Aufgeführt wird Prominenz vom Bundespräsidenten Christian Wulff bis Volker Beck, von Siegmar Gabriel bis Wilhelm Heitmeyer. Wolfgang Schäuble beispielsweise werden u. a. folgende »Vergehen« vorgeworfen.»Lobbyarbeit für eine fremde Macht, Integrierung einer menschenverachtenden, grundgesetzwidrigen Ideologie an staatlichen Schulen, Relativierung des Antisemitismus, Bestrebungen gegen die freiheitlich demokratische Grundordnung« usw.

Die Liste der »Volksschädlinge«, so ist man versucht zu sagen, könnte hier schier endlos fortgesetzt werden. Interessant ist die Argumentation der Betreiber insofern, als sie sich wieder und wieder auf das Grundgesetz der Bundesrepublik Deutschland berufen und so suggerieren, dass sie Hüter des Rechtsstaats seien. Vor allem aber, solidarisieren sie sich demonstrativ mit Israel, etwa wenn Udo Steinbach vorgeworfen wird, er verharmlose den Holocaust-Leugner Ahmadinedschad. Schlimmer noch als die Konstruktion haltloser Vorwürfe und deren Brandmarkung als Verstöße gegen das Grundgesetz ist der denunziatorische Charakter der Seite: Hier werden Namen von Personen des öffentlichen Lebens genannt, die leicht auffindbar sind. Ihre Darstellung als Rechtsbrecher (und Volksverräter) könnte auch Aufforderungscharakter haben. Nicht zu Unrecht stellt der ebenfalls gelistete CDU-Abgeordnete Ruprecht Polenz nach dem Massaker von Oslo und Utoya fest: »Wir müssen über den Zusammenhang zwischen Unworten und Untaten neu nachdenken. Man darf verbale Gewalt nicht hoffähig werden lassen, wenn man reale Gewalt ächten will.«[220]

Das BKA allerdings hält die Seite für »unbedenklich«:

> »In der Regel werden derartige Listen genutzt, um Angehörige des jeweiligen anderen politischen Lagers öffentlich im Internet oder in Szenepublikationen bloßzustellen und zu verunsichern. Eine für den genannten Personenkreis bestehende konkrete Gefährdung lässt sich aus den Internetinhalten nicht ableiten und wird daher derzeit nicht gesehen.«[221]

---

220 Mitteldeutsche Zeitung (Online-Ausgabe), 30. Juli 2011, unter http://www.blogspan.net/presse/mitteldeutsche-zeitung-internetbka-halt-website-nurnberg-2-0-fur-unbedenklich/mitteilung/228998/ [08.01.12].

221 Ebenda.

Diese rechtsextremen Gruppierungen sind also nichts als ein »anderes politisches Lager«? Sie sind also nicht Verfassungs- und Menschenfeinde, die »Würde des Menschen« und seine physische Unversehrbarkeit sind bei solcher Sicht wohl nicht mehr »unantastbar« (Art. 1 GG). Dass die Medienwissenschaftlerin Sabine Schiffer inzwischen Morddrohungen erhält, muss ja nicht damit zusammenhängen, dass sie ebenfalls auf der Liste von Nürnberg 2.0 erscheint!

11. Die extreme Rechte entdeckt die Freundschaft zu Israel

Wo immer vom Islam die Rede ist, folgt auch schon fast reflexhaft eine Bezugnahme auf Israel. Der Nahostkonflikt hat Samuel Huntington dazu gedient, dem Islam »blutige Grenzen« anzudichten. Das israelische Narrativ, wonach alle Kriege von 1948 bis heute – einschließlich des Suez-Krieges (1956), der Kriege gegen Libanon und des Krieges gegen Gaza – Verteidigungskriege waren, wird ungeprüft übernommen. In das Bedrohungsszenario wird auch der Konflikt um das reale oder behauptete iranische Atomprogramm[222] eingewoben. In der De-

---

222 Die Debatte wird nach wie vor kontrovers geführt: Der jüngste Bericht der IAEA, der keine belastbaren neuen Fakten bezüglich des iranischen Atomprogramms auflisten kann, kommt in der Bewertung jedoch zu einem viel alarmistischeren Ergebnis als dies zu Zeiten des Vorsitzenden der Atombehörde, Mohamed el Baradei der Fall war. Deshalb wird von staatsnahen israelischen »NGOs« die These vertreten, der Ägypter sei iranischer Agent. http://www.jihadwatch.org/2011/11/israeli-officials-say-iaeas-elbaradei-an-iranian-agent.html [21.12.11]. Sehr viel zurückhaltender bezüglich des Berichts und der darin vorgelegten Informationen ist sogar die Stellungnahme des NATO-nahen Londoner IISS (Strategic Comments, Vol 17. Comment 45, November 2011). Äußerst zurückhaltend äußert sich der US-amerikanische Think Tank RAND-Corporation. http://www.rand.org/pubs/monographs/MG1154.html [21.12.11]. Skeptisch und deeskalierend argumentiert auch das deutsche Friedensforschungsinstitut BICC http://www.bicc.de/publications/bicc-focus/atomkonflikt-iran.html [08.12.11].

batte um diesen gefährlichen Konflikt wird in den Mainstream-Medien so gut wie nirgendwo darauf hingewiesen, dass Iran Mitglied des Atomwaffensperrvertrags (NPT) ist und sich den Kontrollen durch die Inspekteure der IAEO unterwirft, während Israel über Atomwaffen verfügt und dem NPT nicht beigetreten ist. Ein höchst aufschlussreiches Interview über die Rolle der IAEO und verhinderte Lösungen des Konflikts führte *Der Spiegel* mit dem ehemaligen Direktor der Behörde, Mohamed el Baradei.[223]

Unerwähnt bleiben ebenfalls die verschiedenen Initiativen für eine atomwaffenfreie Zone im Nahen Osten, deren Umsetzung die beste Entschärfung des Konflikts wäre.[224] Unterschwellig verbirgt sich hinter dieser Debatte auch die Frage, ob es denn legitime (und gute) bzw. illegitime (und böse) Atomwaffen geben könne. Die dem iranischen Präsidenten unterstellte Forderung nach Vernichtung Israels, die allerdings aufgrund von Übersetzungsmängeln äußerst strittig ist[225], trägt zur weiteren Emotionalisierung des Konflikts bei und hat mitgeholfen, eine latente Kriegsgefahr heraufzubeschwören.

Dass das Verhältnis zwischen Deutschland und Israel im Schatten der Verbrechen des Nazi-Regimes steht, ist unvermeidbare Folge der Geschichte. Allerdings hat Israel es vermocht, sich weitgehend in die Rolle des Sprechers des Judentums schlechthin zu versetzen, wobei es unterstützt wird von zahlreichen zionistisch-jüdischen Organisationen, vor allem in den USA, aber auch in Europa und Deutschland, wie beispielsweise dem Zentralrat der Juden, und mehr oder weniger stark von unterschiedlichen Gruppierungen wie etwa der deutsch-

---

223 Spiegel.de am 18.04.2011.

224 Darunter beispielsweise die von Mohssen Massarrat (Osnabrück) und IPPNW (Internationale Ärzte für die Verhütung des Atomkrieges / Ärzte in sozialer Verantwortung).

225 Amirpur, Katajun: Ein Übersetzungsfehler macht gefährliche Weltpolitik, in: Süddeutsche Zeitung, 15./16. März 2008: »Die Vernichtungsphantasien, die Iran unterstellt werden, gehen auf einen einzigen Satz zurück: ›Israel must be wiped off the map.‹ Kein Satz wird so häufig mit dem amtierenden Präsidenten Irans, Mahmud Ahmadinedschad, assoziiert wie dieser: Israel muss von der Landkarte radiert werden. Das Problem ist nur – er hat diesen Satz nie gesagt.«

israelischen Gesellschaft. In dem von Israel und diesen Gruppen vor-
getragenen Narrativ wird eine direkte Beziehung zwischen dem Staat
Israel und dem Holocaust hergestellt. Dieser wird dadurch enthistori-
siert und »zionisiert«[226], denn der Zionismus und die jüdische Einwan-
derung nach Palästina sind erheblich älter als jenes »tausendjährige
Reich«, das zwölf Jahre zu lange dauerte.

Der Zionismus ist eine jüdische Nationalbewegung, die entstanden
ist in der Zeit des Höhepunkts der europäischen Nationalismen mit
all ihren rassistischen und ausgrenzenden Tendenzen, die sich gerade
auch gegen Juden richteten. Er ist vor allem auch eine Reaktion auf
die massive Unterdrückung und Verfolgung der Juden in Osteuropa.
Kennzeichnend für alle Nationalismen, allen voran den deutschen,
ist ihre mehr oder weniger ausgeprägte Gewaltförmigkeit, die die
Durchsetzung ihrer Ziele begleitete. Jeder Nationalismus bedarf einer
Identität, er muss ein »Wir« konstruieren, das die Anderen ausgrenzt
(s. oben). Dem Zionismus boten sich hierfür zwei Identifikationsmög-
lichkeiten, Ethnie und/oder Religion, die sich nicht notwendigerweise
ausschließen, aber durchaus konfliktträchtig sein können, da sie auf
unterschiedliche Legitimationsstränge zurückgreifen.

Dieser Konflikt ist bis heute weder innerhalb des Zionismus noch
innerhalb des Judentums gelöst, er zieht sich in unterschiedlichen Formen bis in die Gegenwart und artikuliert sich beispielsweise auch in
der innerjüdischen Debatte in Deutschland, ob und inwieweit (welche
und wie viel) jüdische Kritik an der Politik des Staates Israel zulässig
sei.[227] Eine einmalige und in ihren Folgen tragische Eigentümlichkeit
kennzeichnet den Zionismus: Im Gegensatz zu anderen Nationalis-

---

226 Bunzl, John: Israel im Nahen Osten, Wien 2008, S. 147.

227 S. exemplarisch Brumliks Kritik an den Positionen von Alfred Grosser und
     Rolf Verleger, von denen er eine besondere Loyalität gegenüber Israel zu
     erwarten scheint, wenn er ihnen als »ethnisch identifizierten (…) Juden«
     vorwirft, »Antisemitismus herunterzuspielen«. In: Brumlik, Micha: Der
     Streit um die richtige Solidarität mit Israel, in: Blätter für deutsche und
     internationale Politik, Heft 4/2007, S. 419-430. Dort wird die Frage auf-
     geworfen, ob »radikale, jede ethnische Solidarität aufkündigende jüdische
     Kritiker des jüdischen Staates Antisemiten« sein können. Dagegen: Judt,
     Tony: Ethnische Geiselhaft, in: Süddeutsche Zeitung, 12./13. Dez. 2009.

men kann er auf kein Territorium verweisen, das gewissermaßen das Kernland des Volkes darstellt. Hier ist nicht der Raum oder die Gelegenheit, die Komplexität der Staatsgründung in Palästina, die Rolle der Mandatsmacht Großbritannien, die Ausstrahlung der bipolaren Weltordnung auf den Konflikt zwischen Israelis und Palästinensern nachzuzeichnen – die Fülle der diesbezüglichen Literatur ist unerschöpflich. Festzuhalten ist: Die Gründung eines *jüdischen Staates* implizierte von Anfang an, dass für diesen Staat ein Territorium, ein Staatsgebiet, gefunden werden musste, wobei es vielen frühen Zionisten relativ gleichgültig war, ob dieser nun in Argentinien, in Madagaskar, in Uganda oder eben in Palästina entstehen sollte. Allerdings bedurfte der zu schaffende Staat neben Staatsvolk und Staatsgewalt auch einer (nationalen) Ökonomie.

Die zionistische Bewegung hatte anfänglich einen sozialistischen Anspruch. Andrerseits sollte die territoriale und ökonomische Grundlage für einen Staat der jüdischen Einwanderer geschaffen werden. Letzteres war nicht möglich, ohne zwangsläufig die Interessen und Rechte der dort ansässigen Bevölkerung zu verletzen. David Hacohen, Ende der 1920er Jahre Führungsmitglied der zionistischen Gewerkschaft Histadrut und Mitglied der Mapai, für die er später in der Knesset saß, brachte das Dilemma auf den Punkt:

> »Ich musste mit meinen Freunden viel über den jüdischen Sozialismus streiten, musste die Tatsache verteidigen, dass ich keine Araber in meiner Gewerkschaft akzeptierte; dass wir Hausfrauen predigten, nicht in arabischen Geschäften zu kaufen; dass wir an Obstplantagen Wache hielten, um arabische Arbeiter daran zu hindern, dort Arbeit zu finden; dass wir Benzin auf arabische Tomaten schütteten; dass wir jüdische Frauen attackierten und die arabischen Eier, die sie gekauft hatten, vernichteten; dass wir den Jüdischen Nationalfonds hochpriesen, der Hankin nach Beirut schickte, um das Land von abwesenden Großgrundbesitzern zu kaufen, und die arabischen Fellachen vertrieb; dass es erlaubt ist, tausende Dunum (1 dunam = ca. 800 qm) von Arabern zu kaufen, aber verboten ist, einen einzigen jüdischen Dunam an einen Araber zu verkaufen. (...) All das zu erklären, war nicht leicht.«[228]

---

228 Ha'aretz, 15.11.1968, zit. n. Bunzl, John: Israel im Nahen Osten, Wien/ Köln/Weimar 2008, S. 40 f.

Der Ursprung des Dilemmas ist Resultat britischer Politik, die (im
Jahre 1917!) in der Balfour-Deklaration der zionistischen Bewegung
eine »Jüdische Heimstatt« in Palästina, dem Scherifen von Mekka als
Gegenleistung für einen arabischen Aufstand gegen das osmanische
Reich ein geeintes unabhängiges Arabisches Königreich versprach,
im Sykes-Picot-Abkommen jedoch die Aufteilung des Nahen Ostens zwischen Frankreich und Großbritannien vereinbarte. Genau
dies geschah nach Ende des Ersten Weltkriegs, als Frankreich das
heutige Syrien und den Libanon, Großbritannien den Irak, das heutige Jordanien und Palästina als Mandatsgebiete des Völkerbunds
erhielten.

Der Besitz (oder die Inbesitznahme) von Grund und Boden ist bis
heute Kern des zionistischen Projekts. Zur Verwirklichung dieses Ziels
treibt die israelische Regierung seit vielen Jahren in immer gesteiger-
terer Form die Landnahme voran: Durch Mauer- und Siedlungsbau,
durch Beschlagnahme von Ländereien und Häusern, durch Vertreibung und Ausweisung[229], die schon vor dem Unabhängigkeitskrieg
(1948) begonnen hatte.[230] Prominente Juden wie Hannah Arendt und
Albert Einstein sahen in den Massakern an den Palästinensern wie
dem von Deir Yassin die Gefahr, dass der Zionismus zum Faschismus
geraten könnte.[231] Das ursprünglich eher säkulare und sozialistische

229 Von der Nakba nach Gaza. Rosa-Luxemburg-Stiftung: Standpunkte Inter-
     national, Nr. 15 (2010).

230 Pappe, Ilan: Die ethnische Säuberung Palästinas, Frankfurt a. M. 2007;
     Morris, Benny: The Birth of the Palestinian Refugee Problem 1947–1949,
     Cambridge 1987.

231 »(...) dieser Zwischenfall [Deir Yassin, für den die Irgun Zwai Leumi des
     späteren Ministerpräsidenten Menahem Begin (»Palästinenser sind zwei-
     beinige Tiere«) verantwortlich war; W. R.] illustriert den Charakter und die
     Aktionen der Freiheitspartei. Innerhalb der Jüdischen Gemeinschaft haben
     sie eine Mischung aus Ultra-Nationalismus, religiösem Mystizismus und
     rassischer Überlegenheit gepredigt. Wie andere faschistische Parteien wur-
     den sie benutzt, um Streiks zu brechen und sie haben selbst auf die Zerstö-
     rung freier Gewerkschaften gedrängt. (...) dies ist unverkennbar das Mar-
     kenzeichen einer faschistischen Partei, für die Terrorismus (gegen Juden,
     Araber und Briten gleichermaßen) das Ziel sind. (...) Daher appellieren
     die Unterzeichner (...) diese jüngste Manifestation des Faschismus nicht zu

Projekt erhielt spätestens seit dem Sechs-Tage-Krieg von Juni 1967 durch die wachsende Siedlerbewegung zunehmend eine religiöse Dimension: Das den Juden von Gott versprochene Land sollte seiner religiösen Bestimmung zugeführt werden: Landnahme und Vertreibung erhalten so eine mystisch-religiöse Bedeutung, werden zur politisch-religiösen Pflicht.

Kein Staat wurde wegen Verletzung des Völkerrechts und der Menschenrechte so oft von Organen der Vereinten Nationen verurteilt wie Israel. Jedoch: Keine einzige dieser Resolutionen war sanktionsbewehrt. Alle »Vermittlungsversuche« der Vereinten Nationen, die Camp David Initiative von Präsident Clinton, das Annapolis-Projekt von Präsident Bush, die Aktionen des Nahost-Quartetts (UN, USA, EU und Russland) blieben erfolglos, da es nicht gelang, die israelische Landnahme zu stoppen, die inzwischen einen Punkt erreicht hat, an dem die Gründung eines palästinensischen Staates mangels Territorium materiell unrealisierbar geworden sein dürfte. Dass die Nicht-Lösung des Konflikts im Sinne einer Zwei-Staaten-Lösung mittel- bis langfristig gerade dem Sicherheitsbedürfnis Israels zuwiderlaufen muss[232], sei hier dahingestellt.

Die deutsche »Nibelungentreue« gegenüber Israel, die Erklärungen deutscher Politiker von Angela Merkel bis Gregor Gysi, dass »die Sicherheit Israels Teil der deutschen Staatsräson« sei, ist als solche sicher zu unterstreichen. Jenseits der strittigen und durchaus diskussionswürdigen Frage, wie denn Israels Sicherheit am besten zu gewährleisten sei, durch Landnahme und Krieg oder durch friedliche Konfliktlösung, Anerkennung der Rechte des Anderen und darauf basierenden Verträgen, stellt sich die Frage der Paradigmen, an denen deutsche Politik sich orientiert: Wer den Begriff Staatsräson benutzt, denkt in absolutistischen, vordemokratischen Kategorien oder in der immer wieder auch in Demokratien gehandelten Kategorie des Natio-

---

unterstützen.« (Arendt, Einstein und andere prominente US-amerikanische Juden in der New York Times am 4. Dezember 1948.)

232 Gehrcke, Wolfgang / Freyberg, Jutta von / Grünberg, Harri: Die deutsche Linke, der Zionismus und der Nahostkonflikt. Eine notwendige Debatte, Köln 2009.

nalinteresses, die behauptet in einem abstrakten oder übergeordneten Interesse der »Nation als Ganzes« zu handeln. Abgesehen von der Tatsache, dass im Namen der Nation die bisher größten Verbrechen der Menschheitsgeschichte begangen wurden, verbirgt sich hinter diesem Konzept eine absichtsvolle Doppelbödigkeit: Indem Israel (i. e. seine Regierung und seine zionistische Lobby[233]) zum Alleinvertreter der jüdischen Nation befördert wird, erscheint auch die deutsche Nation als einheitliches Ganzes: Ausgegrenzt werden auf beiden Seiten jene Kräfte, die für Friedenslösung, Humanismus und Völkerrecht eintreten.

Die Geschichte der »besonderen Beziehungen« zwischen der Bundesrepublik Deutschland und dem Staat Israel begann mit dem Londoner Schuldenabkommen, in dem die BRD sich zu Entschädigungszahlungen für die ermordeten Juden an Israel verpflichtete. Adenauer begründete den Abschluss des Abkommens mit der gängigen antisemitischen Klischees entsprechenden Begründung:

> »Die Macht der Juden, auch heute noch, insbesondere in Amerika, sollte man nicht unterschätzen. Und daher habe ich sehr überlegt und sehr bewusst, und das war von je her meine Meinung, meine ganze Kraft daran gesetzt, so gut es ging, eine Versöhnung herbeizuführen zwischen dem jüdischen Volk und dem deutschen Volk.«[234]

Keine Entschädigung hat die BRD als Rechtsnachfolgerin des Deutschen Reiches an Zwangsarbeiter, Kommunisten, Roma, Sinti, Euthanasieopfer, Zwangssterilisierte, Jenische, Schwule gezahlt. Außerdem beschränkte sich das Gesetz auf jene Personen, die am 31. Dezember 1937 im Gebiet des Deutschen Reichs gewohnt hatten. Damit blieb die Masse der holländischen, belgischen französischen, polnischen, baltischen, russischen usw. usw. ermordeten Staatsbürger, seien sie Juden oder nicht, von Wiedergutmachung

---

233 Mearsheimer John J./Walt, Stephen M., The Israel Lobby and U.S. Foreign Policy, New York 2007.

234 http://globalfire.tv/nj/09de/juden/die_macht_der_juden.htm [22.12.11]. Dazu auch Brecher, Daniel Cil: Der David – Der Westen und sein Traum von Israel, Köln 2011, S. 143-200.

ausgeschlossen. Auch zahlte die BRD an den Staat Israel, nicht an die dort lebenden Opfer der Nazi-Herrschaft, so dass bis heute viele der Nazi-Opfer, die dorthin emigriert sind, teilweise in bitterer Armut leben. Das Abkommen enthielt auch eine geheime Klausel über Rüstungskooperation.[235] – Ein Geschäft im Sinne der beiderseitigen Staatsräson, die im März 2008 von der Bundeskanzlerin bei ihrem Besuch in Israel vor der Knesset nochmals ausdrücklich beschworen wurde?

Als besonderer Freund Israels tat sich früh Franz-Josef Strauss hervor, ehemals Mitglied des NS-Kraftfahrerkorps. 1956 wurde er zweiter Verteidigungsminister der BRD und plädierte für deren atomare Bewaffnung. Er war maßgeblich beteiligt an der zunächst streng geheim gehaltenen Lieferung von Bundeswehrpanzern (1964) an Israel. Mit im Boot der deutschen Israel-Freunde war vor allem Axel Springer mit seiner populistischen *Bild* und den rechtslastigen Blättern *Die Welt* und *Welt am Sonntag*. Da liegt der Verdacht nahe, dass nicht nur Strauß und der ultrakonservative Springer, sondern auch zahlreiche ehemalige Nazigrößen in den Kabinetten Adenauer, Erhard, Kiesinger etc. in ihrer demonstrativen »Freundschaft zu Israel« recht erfolgreich ihre Vergangenheit wuschen. Einmal in enger Verbindung mit der wirtschaftlich immer mächtiger werdenden BRD schwiegen die israelische Regierung und die israelischen Medien zu der braunen Vergangenheit der neuen Freunde.

Mit dem Ende des Kalten Krieges und Schaffung und Pflege des neuen Schreckbilds Islam hatten der Westen und Israel endlich auch ein gemeinsames Feindbild: Den Islam. Vergessen waren die Zeiten, als der Islam noch als willkommener Bündnispartner gegen den »atheistischen Kommunismus« und die palästinensische Hamas noch als nützliche Kraft zur Spaltung der PLO verstanden worden waren. Und der israelisch-palästinensische Konflikt eskalierte in eine neue Gewaltdimension: am 26. Februar 1994 hatte der Arzt und Siedler in der extrem militanten Siedlung Kirjat Arba in der Ibrahim-Moschee in

---

235 http://de.wikipedia.org/wiki/Franz_Josef_Strau%C3%9F#cite_note-14
     [22.12.11].

Hebron ein Massaker veranstaltet, bei dem er 29 Menschen erschoss und etwa 150 verletzte, bevor er von den Moscheebesuchern erschlagen wurde. Während Sympathisanten ihm in Hebron ein Denkmal errichteten, das zu einer Art Wallfahrtsort wurde, begann vor allem die Hamas, Selbstmordattentate in Israel auszuführen, deren blinder Wut eine Unzahl von Menschen zum Opfer fiel. Brauchte es eines weiteren Beweises für die »islamische Wut«, die Bernhard Lewis schon 1990 diagnostiziert hatte?[236]

Der gezielte und undifferenzierte Mord an Juden legte auf der Erscheinungsebene einen Vergleich mit Auschwitz nahe. Konservative und rechte Publizisten schufen nun den Begriff des Islam-Faschismus oder Islamofaschismus, der mit weiteren diffusen Ingredienzien aus der Faschismusdebatte unterfüttert wurde: Die Anwendung mörderischer Gewalt, verbitterte Nostalgie für vergangene Reiche, Anti-Modernismus, archaische Rache, »religiöse Reinheitswut« der »Gotteskrieger« ersetzt den Begriff der Herrenrasse:

> »All dies scheint mir zu bestätigen, dass die Verwendung des Begriffs ›Islamofaschismus‹ korrekt ist – und dass der Dschihadismus eine mit dem Faschismus vergleichbare Bedrohung der Zivilisation und ihrer Werte darstellt. Es gibt eine weitere Ähnlichkeit, die in gewisser Weise ermutigend ist.
>
> Beide totalitären Gedankensysteme leiden offensichtlich unter Todessehnsucht. Es ist gewiss kein Zufall, dass beide selbstmörderische Taktiken anwenden und einen Opferkult pflegen, dass beide lieber den Untergang der eigenen Gesellschaft in Kauf nehmen würden als irgendeinen Kompromiss mit den Ungläubigen (...)«[237]

Wie bereits oben ausgeführt bietet das Feindbild Islam in der globalisierten Welt den einzigartigen Vorteil, einen Feind zu identifizieren, der »uns« nicht nur von außen bedroht, sondern der ins Innere unse-

---

236 Lewis, Bernhard: The Roots of Muslim Rage (Die Wurzeln muslimischer Wut), The Atlantic Monthly, September 1990.

237 Hitchens, Christopher: Islamofaschismus – Verteidigung eines Begriffs, in: Die Welt, 27. Oktober 2007, unter: http://www.welt.de/debatte/kommentare/article6070415/Islamofaschismus-Verteidigung-eines-Begriffs.html [22.12.11].

rer Gesellschaft vorgedrungen ist, uns, unsere Werte, unsere Identität gefährdet. Zugleich ermöglich es diese neue und existenzielle Bedrohung, die deutsche Vergangenheit und den Faschismus europäischer Prägung zu relativieren – müssen wir doch angesichts dieser totalen Gefahr zunächst an unsere Sicherheit denken und mit der Aufarbeitung unserer Vergangenheit Schluss machen. In diesen Kontext gehört auch Alice Schwarzer, gleichfalls populäre Kronzeugin der »Islamfaschismus«-These, die in einem ganzseitigen Interview mit der FAZ erklärt: »Mir war klar, dass die es ernst meinen. Ganz wie Hitler 1933.«[238] Dann folgen Pauschalisierungen und Verdrehungen, die flugs eine xenophobe Konnotation erhalten:

> »Seit Mitte der Achtziger (…) gilt Deutschland Experten als europäische ›Drehscheibe des islamischen Terrorismus‹. Die islamistischen Terroristen aller Länder haben bei uns Asyl erhalten.« Und sie macht auch gleich die Gründe hierfür aus: »Doch es gibt ein besonderes deutsches Problem: dieses deutsche Minderwertigkeitsgefühl, das leicht in Größenwahn umschlagen kann. Diese Fremdenliebe, die Verherrlichung des Fremden ist ein Resultat dieser mangelnden Selbstachtung. Da spielt in Deutschland (…) eine fatale Rolle (…) das schlechte Gewissen wegen der Nazizeit.«[239]

Nichts belegt besser, wie eng das vordergründige Etikett des »Islam-Faschismus« und die »ganz normale« Xenophobie beisammen liegen, verbunden mit der Botschaft, dass wir »uns« endlich des ›schlechten Gewissens‹ wegen der Nazi-Zeit entledigen und wieder ›normal‹ werden müssen. Demgegenüber erscheint Innenminister Wolfgang Schäuble schon geradezu als rationaler Aufklärer, wenn er im Vorfeld der von ihm einberufenen Islam-Konferenz erklärt: »Muslime in Deutschland sollen sich als deutsche Muslime fühlen können.«[240] Es ist kein Wunder, wenn solchen Äußerungen wie auch dem bei seinem Besuch in der Türkei von Bundespräsident Wulff ausgesprochenen

---

238 Frankfurter Allgemeine Zeitung, 4. Juli 2006, S. 45.

239 Ebenda.

240 Schäuble, Wolfgang: Muslime in Deutschland, in: Frankfurter Allgemeine Zeitung, 27. September 2006, S. 9.

Satz »Der Islam gehört inzwischen auch zu Deutschland« das populistische Gebell aus der eigenen Partei entgegenschallt: So erklärte der hessische Ministerpräsident Volker Bouffier, befragt zu dieser Äußerung des Bundespräsidenten:

> »Für mich ist jedenfalls klar, dass man nicht ernsthaft darüber streiten kann, ob der Islam ein Fundament unserer Gesellschaft ist. Das ist er natürlich nicht.«[241]

Es scheint, als ob die extreme europäische Rechte ihre enorme Chance erkannt hätte, die darin besteht, demonstrativ Freundschaft und Solidarität mit Israel zu zeigen, um sich einerseits gegen den Vorwurf des Faschismus zu verwahren und andrerseits umso vehementer den Hass auf den Islam predigen zu können – womit natürlich die Migranten aus den Ländern gemeint sind, in denen der Islam Mehrheitsreligion ist. In diesem Kontext passt, dass die prominenten Vertreter der europäischen rechtsradikalen Parteien begonnen haben, geradezu nach Israel zu wallfahrten[242]: Als Erster reiste Geert Wilders, Vorsitzender der niederländischen PVV, der vom Rechtsaußen der israelischen Regierung, Avigdor Lieberman empfangen wurde. Ihm folgten Hans-Christian Strache von der österreichischen FPÖ und Vertreter der rassistischen italienischen Lega Nord. Zu den Reisenden gehörten auch der Belgier Filip Dewinter vom flämischen Vlaams Belang und Patrick Brinkmann von der Bewegung Pro NRW sowie Kent Ekeroth von den rechtsextremen und anti-islamischen Schwedendemokraten.[243] Ebenfalls beteiligt waren der französische Front National und nicht zuletzt René Stadtkewitz, ehemaliger CDU-Abgeordneter in Berlin, der Geert Wilders nach Berlin eingeladen hatte mit der Perspektive, den prominenten Rechtsaußen für die Unterstützung der Gründung der Partei »die Freiheit« zu gewinnen. Stadtkewitz gibt nicht nur der Jungen Freiheit Interviews, er ist stark engagiert

---

241 Interview mit Volker Bouffier, in: Frankfurter Allgemeine Zeitung, 14. Oktober 2010, S. 4.

242 http://www.blockidentitaet.info/die-deutsche-rechte-und-israel/ [20.12.11].

243 Frankfurter Allgemeine Zeitung, 13. Dezember 2010, S. 27.

gegen einen Moschee-Bau in Berlin-Heinersdorf, verlangt den Stopp der Zuwanderung aus islamischen Ländern und warb für eine Petition »Support Sarrazin«. Stadtkewitz ist stellvertretender Bundesvorsitzender des rechtsgerichteten Vereins »Bürgerbewegung Europa« (s. oben) – und kämpft für die »Bewahrung der christlich-jüdischen Tradition unserer europäischen Kultur.«[244]

Im Dezember 2011 reiste gleich eine ganze Gruppe von rechtsextremen europäischen Politikern auf Einladung eines früheren Abgeordneten der Regierungspartei Yisrael Beitenu nach Israel. Dort unterzeichneten sie gemeinsam mit ihren Gastgebern eine Erklärung, in der es heißt, die Menschheit sehe sich zurzeit »einer neuen weltweiten Bedrohung ausgesetzt: dem fundamentalistischen Islam«, dem man sich gemeinsam entgegen stellen wolle.[245] Nach dem demonstrativen Besuch einer Siedlung ging es zu einer Tagung in Ashkelon, wo über »Strategien gegen den islamischen Terror« beraten wurde. Die Delegation wurde betreut von Ariel Shomer, dem ehemaligen Kabinettschef des israelischen Staatspräsidenten Ezer Weizman.[246]

Was auf den ersten Blick paradox erscheinen mag, dass nämlich die europäische extreme Rechte, die Jahrzehnte lang den Antisemitismus pflegte, sich mit israelischen Politikern trifft und von diesen geradezu hofiert wird, hat auf den zweiten Blick durchaus eine gewissen Logik: Auch Israel ist insofern ein ganz »normaler« Staat, als es auch dort – neben linken und gemäßigten bürgerlichen – rechtsextreme Strömungen gibt. Beiden, der europäischen wie der israelischen extremen Rechten, ist ein zugespitzt autoritäres Staatsverständnis eigen. Warum also sollten sie sich nicht zusammenfinden? Nicht umsonst hatten, wie erwähnt, Hannah Arendt und Albert Einstein schon 1948 vor faschistischen Tendenzen in Israel gewarnt.[247]

---

244 http://de.wikipedia.org/wiki/Ren%C3%A9_Stadtkewitz [20.12.11].

245 Bettina Marx: Islamhasser und Israelfreunde, unter http://www.dw-world.de/dw/article/0,,15271322,00.html, veröffentlicht am 27. Juli 2011 [30.07.11].

246 Frankfurter Allgemeine Zeitung, 13. Dezember 2010, a. a. O.

247 The New York Times, 4. Dezember 1948.

Ebenfalls gemeinsam ist beiden, der europäischen wie der israelischen extremen Rechten, eine xenophobe Ideologie (im Falle der rechten Israelis gerichtet gegen die Palästinenser) und beide finden sich fast logischerweise zusammen im Kampf gegen »den Islam«, der ja Mehrheitsreligion der Palästinenser ist – wie er Mehrheitsreligion der Migranten in Europa ist. Der gemeinsame Gegner, »der Islam«, wird so zum einigenden Band, und für die europäischen Rechten fällt das angenehme Nebenprodukt ab, dass sie, als Freunde Israels, ja keine Antisemiten sein können und deshalb auch in ihrer Heimat an Respektabilität gewinnen.

12. Der Kampf gegen die »Islamisierung« – Kampf für eine andere Gesellschaft

Der *»global war on terror«* ist in der Tat global geworden: Im internationalen System gelang es der Bush-Administration und in ihrem Gefolge dem Westen und der NATO, eine enge Verbindung zwischen »dem Islam« und Formen politischer Gewalt herzustellen, die sich gegen die Durchsetzung westlicher Dominanz-Interessen richten. In der Dialektik des »Wir« gegen die »Anderen« hat die Kriegsführung des Westens, die in Wirklichkeit der Ressourcensicherung galt und gilt, zu einer (Re)Politisierung des Islam beigetragen, die bereits im 19. Jahrhundert durch die Kolonisation ausgelöst worden war. Die Anschläge des 11. September 2001 lieferten scheinbar den Beweis der Existenz einer internationalen terroristischen Verschwörung, für deren Bekämpfung alle Mittel recht zu sein schienen: Der völkerrechtlich mehr als problematische Krieg in Afghanistan und der eindeutig völkerrechtswidrige Krieg gegen Irak gehören hierzu genauso wie die systematische Außerkraftsetzung der Menschenrechte in den Folterlagern Guantanamo, Abu Ghreib, Baghram und einer weiteren Vielzahl von mehr oder weniger geheimen Orten. Selbst wenn man der These folgen wollte, dass von den Akteuren des Terrors, die man in *al qa'eda* vermutet (und die zuvor mit »uns« für die »Freiheit«

gegen die Sowjetunion kämpften), eine Kriegsführung ausgehe, die jeder zivilisatorischen Norm widerspricht, bleibt die Frage, ob dies den Westen dazu ermächtigt, seinerseits die von ihm stets beschworenen Normen des Völkerrechts und der Menschenrechte außer Kraft zu setzen. Betrachtet man die Kontinuität westlicher Kriegsführung von der Kolonisation bis in die unmittelbare Gegenwart[248], wird klar, welche ungeheure Blutspur die »Last des Weißen Mannes« und seine »zivilisatorische« Mission hinter sich herziehen.

Dieser alte Topos, der seit zweihundert Jahren zur Erklärung des Kampfes des (guten) Wir gegen die (bösen) Anderen dient, kann »Terrorismus« nur bei den »Anderen« sehen, selbst wenn gerade die eigene Kriegsführung diesen für terroristische Aktionen typischen Tatbestand erfüllt und erklärtermaßen oft darauf gerichtet ist, durch Gewaltakte auch gegen Zivilisten politische Ziele zu erreichen, und sei es nur, den Widerstand der Angegriffenen zu brechen. Zur Rechtfertigung solchen Kampfes braucht man einen Feind, noch mehr aber ein abschreckendes Bild dieses Feindes, muss Krieg doch gerade in Demokratien breite Akzeptanz in der Öffentlichkeit finden. Die dafür notwendigen Ingredienzien lassen sich mühelos in der Geschichte finden und zu diesem neuen Feindbild verdichten.

Genau hier schließt sich der Bogen von der internationalen Politik zu unseren inneren gesellschaftlichen Verhältnissen und Konflikten. In der globalisierten Welt ist auch der Feind global: Die Globalisierung der Ökonomie hat auch die Globalisierung der Arbeitskraft zur Folge, die weltweit genutzt wird, sei es dass die Menschen zu den Produktionsstandorten migrieren, sei es, dass die Produktion zwecks »Lohnveredelung« zu ihnen in die »Billiglohnländer« gebracht wird. Globalisiert sind auch die Waren, die Konsummuster, die Lebensgewohnheiten. Die Globalisierung von Ökonomie und Produktion reißt – weltweit – die Menschen in Lohnverhältnisse oder transformiert sie in eine globale industrielle Reservearmee. So werden die Menschen

---

248 Knapp, präzise und mit erschreckenden Fakten hat dies Jürgen Todenhöfer nochmals dokumentiert in der Begründung seiner ersten These »Der Westen ist viel gewalttätiger als die muslimische Welt.« S. Todenhöfer, a. a. O., S. 4-13.

objektiv gleicher, sehen sich subjektiv vor neuen materiellen Herausforderungen und bedrohlichen sozialen Verwerfungen, die Ängste hervorrufen. Die Mobilisierung der Angst vor dem Anderen, dem Fremden verfolgt das reaktionäre Ziel einer gesellschaftlichen Ordnung, die etwas bewahren soll, was historisch überholt ist. Als Mittel hierzu diente und dient noch immer der Rassismus, die Ausgrenzung der Anderen, ihre Transformation zu Sündenböcken.

Nicht die Muslime sind der Feind, und erst recht nicht »der Islam«, von dem ohnehin die selbsternannten primitiv-fundamentalistischen Exegeten keine Ahnung haben. Es sind die Migranten, die als Feinde, als Lohndrücker, als Konkurrenten gesehen werden in dieser globalisierten Welt, in der der herrschende Neoliberalismus zur Existenzbedrohung bis weit in die Mittelschichten hinein geworden ist. Aber nach Auschwitz kann nicht mehr von der Überlegenheit einer Rasse gesprochen werden – also bemüht man die »Kultur«. Wie dünn dieses Argument ist, zeigt die Tatsache, dass alle Menschen aus der Türkei und dem Nahen Osten hierzulande unter die Rubrik »Muslime« fallen, ganz gleich ob sie nun Christen, Aleviten, Drusen, Bahai oder was immer sind. Ja, der Glaube ist offensichtlich auch erblich: Einmal Muslim – immer Muslim, und sei es in der dritten oder vierten Generation, sei der Mensch gläubig oder Atheist. Die Hetze gegen den Islam ist nichts anderes als Rassismus! Sabine Schiffer bringt den diskursiven Trick auf den Punkt: »Die Diskussion über den Islamophobie-Begriff bietet so eine weitere Möglichkeit der Rassismusleugnung:«[249] Man sagt Islam und meint die Menschen aus dem Orient. Dieser rassistische Hauptnenner ist denn auch die gemeinsame Plattform aller rechten und rechtsextremen Parteien und Bewegungen in Europa – trotz ihrer zahlreichen Differenzen.[250]

Das Feindbild Islam ist in die Poren der Gesellschaft gedrungen: Misstrauen und Angst, teilweise Verachtung prägen den »Gesprächs-

---

249 Schiffer, Sabine: Islamophobie – Plädoyer für eine internationale Bezeichnung, in: Inamo, Nr. 68, Winter 2011, S. 22-26, hier S. 23.

250 Schmid, Bernhard: Distanzieren, leugnen, drohen. Die europäische Rechte nach Oslo, Münster 2011.

leitfaden«, der in Baden-Württemberg erstellt wurde als »Hilfestellung« für Gespräche mit Einwanderungsbewerber. Mehr als über den Islam sagt er aus über die Vorurteilsstruktur schwäbischer Beamter. Schon geradezu hysterische Angst und der unsägliche Generalverdacht veranlassten das Land Niedersachsen dazu, Moscheen und Moscheebesucher vom Verfassungsschutz überwachen zu lassen. Als Folge dieser Überwachung wurde einem Marokkaner die Einbürgerung verweigert, weil er freitags beten geht und dafür bisweilen eine Moschee besucht.[251] Als die ägyptische Apothekerin Marwa al Sherbini am 1. Juli 2009 in einem Dresdner Gerichtssaal von einem Rechtsradikalen erstochen worden war und ihr ebenfalls ägyptischer Ehemann sich in einem Handgemenge mit dem Mörder befand, schoss ein herbei geeilter Polizist auf den Ägypter, den er schwer verletzte – wohl weil er spontan vermutete, der Dunklere der Beiden müsse der Täter sein.[252]

Angehörige anderer Kulturen oder Religionsgemeinschaften werden pauschal unter Kollektivverdacht gestellt, ihre Rechte und Freiheiten als Bürgerinnen und Bürger durch Überwachungsmaßnahmen beschränkt. Solche Tendenzen finden sich auch in den schon von Otto Schily als Innenminister der rotgrünen Bundesregierung Schröder / Fischer eingebrachten und durchgesetzten so genannten Sicherheitsgesetzen[253], die Aufzählung könnte fortgesetzt werden. Was hier geschieht, ist eine schleichende Aushöhlung von Grundrechten, die ihren Sinn dann verlieren, wenn das Gleichheitsprinzip verletzt wird, wenn nicht nur Gräben gezogen werden zwischen der Mehrheitsge-

---

251 http://www.migazin.de/2011/01/26/schunemann-trotz-richterschelte-uneinsichtig/ [08.01.12]. Zur Überwachung von Muslimen in Niedersachsens, auch Hessisch-Niedersächsische Allgemeine, 20. Mai 2011.

252 Genau so sah es auch die New York Times, die dem Mord einen langen Artikel widmete (The New York Times, 14. August 2009).

253 Jenseits des massiven Abbaus rechtsstaatlicher Regeln enthält der so genannte Otto-Katalog auch ausgesprochen rassistische Elemente. So wurden für die Rasterfahndung nach dem 11. September 2001 folgende Kriterien eingeführt: Student, muslimische Herkunft, nach außen keine fundamentalistische Einstellung, legaler Aufenthalt, finanziell unabhängig, nicht vorbestraft.

sellschaft und ausgegrenzten Minderheiten, sondern wenn Grund-
rechte schrittweise relativiert, ja abgebaut werden. Genau dies aber
ist das Projekt der Rechten für die die Hetze gegen den Islam und die
Muslime nicht Selbstzweck, sondern Mittel zum Zweck für die Schaffung einer anderen Gesellschaft ist. Der rassistische Hass auf Migranten ist das vordergründige, populistische und wirksam inszenierte Argument auf dem Weg zur Schaffung einer autoritären und zunehmend
gleichgeschalteten Gesellschaft. Die von Broder, Giordano, Sarrazin
und den unzähligen Internet-Portalen betriebene Hetze gegen die
»Linke« meint keineswegs nur die unter diesem Namen firmierende
Partei, auch wenn dies wohlfeil in Szene gesetzt wird. Sie zielt auf die
Gesellschaft als Ganzes und daher auch auf ihre Mitte, weshalb auch
CDU-Politiker wie Ruprecht Polenz oder sogar Wolfgang Schäuble
ins Visier genommen werden.

Während der Rassismus sich durch klischeehafte tägliche Bericht-
erstattung bis ins Unterbewusstsein eingeschlichen hat, leistet sich die
bundesdeutsche Sprachregelung eine besonders subtile Klassifikation
von Rassismen, die von »sehr schlimm« bis »nicht ganz so schlimm«
reicht. Gemeint ist hier der im politischen Diskurs geübte Dreiklang
in der Verurteilung rassistischer Taten: Antisemitismus, Rassismus
und Fremdenfeindlichkeit, die immer und immer und genau in dieser Reihenfolge verurteilt werden. Antisemitismus ist gewissermaßen
die A-Klasse, das Allerschlimmste. Rassismus ist schrecklich und ver-
urteilenswert, betrifft aber nur die Kategorien, die unterhalb rassistischer Taten gegen Juden liegen. An dritter Stelle kommt dann die
»Fremdenfeindlichkeit«, die hässlich ist, die aber doch – aufgrund
ihrer Häufigkeit? – und da sie eher als Haltung denn als Tat wahrgenommen wird, gewissermaßen als lässliche Sünde erscheint. In einem
Land, in dem seit dem Beitritt der DDR zur BRD nach Zählung der
Amadeu-Antonio-Stiftung 182 Menschen aus rassistischen Gründen
umgebracht worden sind, ist es weniger als ein leichter Trost, dass
sich unter den Ermordeten kein Jude befindet. Doch diese seltsame
Klassifizierung scheint es auch anderswo zu geben: So entsetzt sich
der jüdische Journalist Robert B. Goldmann darüber, dass die Taten
des »Nationalsozialistischen Untergrunds« in den US-Medien keiner-

lei Beachtung gefunden haben, und fragt sich, was wohl geschehen wäre, wenn eines der Opfer Jude gewesen wäre.[254]

Rassismus ist und bleibt Rassismus, ganz gleich ob ihm Juden, Afrikaner, Türken oder Griechen zum Opfer fallen. Seine grässliche Fratze wird nicht dadurch gemildert, dass die Opfer in unterschiedliche (rassische) Kategorien eingeteilt werden. Sie alle haben eines gemeinsam: Sie sind Menschen. Und die relative Verharmlosung der »Fremdenfeindlichkeit« darf nicht darüber hinwegtäuschen, dass dieser bewusst diffus verwendete Begriff zumindest die Grundlage für rassistische Taten ist. Kampf gegen Rassismus muss gerade hier beginnen.

Rassistische Verfolgung und rassistischer Mord stellen Akte dar, die jeder Humanität widersprechen. Ihre relativierende Kategorisierung ist begleitet vom Abbau von Rechtsstaatlichkeit und stellt eine eklatante Verletzung des Völkerrechts und der Genfer Konventionen dar. Die wachsende gesellschaftliche Akzeptanz »ausländerfeindlichen Verhaltens« steckt sowohl hinter der Rechtfertigung des »Krieges gegen den Terrorismus« wie hinter dem zunehmenden Abbau von Rechtsnormen im Inneren unserer Gesellschaft. Dies ist der dialektische Zusammenhang zwischen der Barbarisierung und Entmenschlichung »der Anderen« und der Barbarisierung des »Wir«, die nicht nur die Menschenwürde der »Anderen« verletzt, sondern auf rechtlicher wie auf normativer Ebene auch unsere Gesellschaft entmenschlicht. Die Dämonisierung der »Anderen« wird instrumentalisiert, um die Folgen der neo-liberalen Unordnung zu verschleiern und soziale und politische Rechte abzubauen. Hinter dieser Fassade aber wird das Gerüst demontiert, das Demokratie erst lebensfähig und lebenswürdig macht: Gewaltenteilung und Rechtsstaatlichkeit sowohl auf innerstaatlicher wie auf internationaler Ebene.

Die Relativierung, ja Außerkraftsetzung des Rechts (zumindest in den internationalen Beziehungen), einer zentralen Errungenschaft der modernen Zivilisation, droht die Menschheit zurückzustürzen in

---

254 Goldmann, Robert B.: Was in Amerika kein Thema ist, in: Frankfurter Allgemeine Zeitung, 13. Dezember 2011, S. 8.

die Anarchie vor-hobbesianischer Zeiten. Mit moralischen Argumen-
ten werden die strukturellen Gewaltverhältnisse (Johan Galtung) in
der Welt und ihre Folgen umgedeutet in Metaphern der moralischen
Verantwortung für die Aufrechterhaltung eben dieser gewaltförmigen
Herrschaftsverhältnisse. Die alten Beschwörungsformeln von »des weißen Mannes Bürde« und der »zivilisatorischen Mission« des Okzidents
feiern fröhliche Urständ. Die »humanitären Interventionen« sind nicht
darauf gerichtet, die Ursachen der Gewalt wie Hunger und Elend zu
bekämpfen, allenfalls erschießen sie deren Folgen. Wann immer »hu-
manitär« militärisch eingegriffen wurde, waren diese Interventionen
interessengeleitet.[255] Nicht Religionen, »Kulturen« oder Rassen taugen
zur Kategorisierung von Menschen, es gibt nur die eine Kategorie: Die
Gleichheit aller und die Anerkennung ihrer Würde als Menschen. Solche Gleichheit setzt die – gleiche – Teilhabe an der politischen Gestal-
tung voraus. Genau an diesem Punkt entpuppt sich auch die unsägliche
Debatte um die so genannte Leitkultur als nationalistisch-reaktionäres
Konzept, das eben die Teilhabe am politischen Leben, der *res publica*
unter Zuhilfenahme kulturalistisch-rassistischer Argumente zu verhindern sucht: Nicht die Zugehörigkeit zu einer »Kultur« ist entscheidend
für die Identifikation der Bürgerinnen und Bürger mit ihrem Staat,
sondern die Garantie der Ausübung gleicher politischer Rechte und
gleicher Rechte auf staatliche Leistungen. Voraussetzung hierfür ist
die Anerkennung der Anderen im republikanisch-säkularen Staat.

In der globalisierten und daher zwangsläufig multikulturellen Welt
sind Frieden und Sicherheit im innerstaatlichen wie im internationalen
Bereich nur dann zu gewährleisten, wenn – so der keineswegs revolutionäre Stanley Hoffmann – im globalen Haus Gerechtigkeit herrscht
und es »akzeptabel (ist) für jene, deren Werte andere Grundlagen haben.«[256] Der Ausschluss der Anderen, sei es mittels rassistischer oder
kulturalistischer Argumente beschädigt aber die Fundamente »unse-

255 Ruf, Werner et al.: Krisenlösung durch Intervention?, Berlin 2009.

256 Hoffmann, Stanley: Clash of Globalizations, in: Foreign Affairs, Juli/Au-
     gust 2002, Übersetzung aus dem Englischen W.R. Ähnlich argumentiert
     Tomuschat, Christian: Der selbstverliebte Hegemon, in: Die Internationale
     Politik, Nr. 5/2003, S. 39-47.

rer« eigenen Ordnung, denn jener wirkt auf unsere Gesellschaft, ihr Wertesystem zurück. Dieter Oberndörfer bringt die Problematik auf den Punkt, wenn er feststellt,

> »(...) dass die Menschenrechte, die Aufklärung und die Werte des Christentums universale Geltung beanspruchen. Als unveräußerlicher und ausschließlicher Besitz Europas [und der USA; W.R.] in Beschlag genommen, verlieren sie ihre eigene Legitimationsgrundlage: den Bezug auf die Würde des Menschen, nicht nur auf die der Deutschen oder Europäer«[257]

– und der Menschheit schlechthin.

Eine Abschottung des »Westens« vom »Rest«, verbunden mit der Negation der Gültigkeit der zivilisatorischen Werte für »die Anderen«, ist objektiv obsolet geworden. Das Beschwören ewig-gestriger Kategorien, sei es »Nation« oder »Kultur« im Zeitalter der Globalisierung ist und bleibt nicht nur reaktionär, es ist kontraproduktiv für eine Welt, die trotz aller Anstrengungen der Verfechter einer »Leitkultur« zusammenwächst. Die Frage dabei bleibt, ob dieses Zusammenwachsen friedlich und auf der Grundlage geltender zivilisatorischer Standards erfolgt oder zum Rückfall in globale Anarchie führt. Somit bleibt zu hoffen, dass Hobsbawms Vision der Globalisierung in ihrer radikal formulierten Alternative erkannt wird:

> »Wenn die Menschheit eine erkennbare Zukunft haben soll, dann kann sie nicht darin bestehen, dass wir die Vergangenheit oder Gegenwart lediglich fortschreiben. Wenn wir versuchen, das dritte Jahrtausend auf dieser Grundlage fortzuschreiben, werden wir scheitern. Und der Preis für dieses Scheitern, die Alternative zu einer umgewandelten Gesellschaft, ist Finsternis«[258]

– oder eben jene Barbarei, die den »Anderen« zugeschrieben wird, und dabei uns selbst entmenschlicht.

---

257 Oberndörfer, Dieter: Turkophobie, in: Blätter für deutsche und internationale Politik, Heft 2/2003, S. 138-142, hier S. 140.

258 Hobsbawm, Eric: Das Zeitalter der Extreme. Weltgeschichte des 20. Jahrhunderts, München/Wien 2005, S. 720.

Basiswissen
Politik / Geschichte / Ökonomie

**Guido Speckmann
Gerd Wiegel**

Faschismus

Pocketformat | 127 Seiten
ISBN 978-3-89438-473-9
€ 9,90 [D]

Wie klärungsbedürftig das Thema »Faschismus« ist, zeigt sich schon am Begriff. Ist er international unbestritten, so wird er bei uns gerne ersetzt durch »Nationalsozialismus«, die demagogische Selbstbezeichnung der deutschen Faschisten. Dieser Band entfaltet Begriff und Geschichte des Faschismus in drei Schritten: Im ersten werden die wichtigsten Analysen vorgestellt, um zu belegen, wie eine moderne, aktuelle Erkenntnisse berücksichtigende Faschismustheorie aussehen müsste. Sodann werden sie anhand der faschistischen Regime in Italien und Deutschland überprüft. Die faschistischen Bewegungen auf dem Weg zur Macht sowie die Herrschaftspraxis des zur Macht gelangten Faschismus nach innen und außen bilden hier die Schwerpunkte. Schließlich wird im dritten Teil die Frage nach faschistischen Potenzialen in der Gegenwart aufgeworfen.

PapyRossa Verlag
Luxemburger Str. 202, 50937 Köln, Tel. (0221) 44 85 45, Fax 44 43 05
mail@papyrossa.de – www.papyrossa. de

Luciano Canfora

Die Freiheit exportieren

Luciano Canfora

Die Freiheit exportieren

Vom Bankrott einer Ideologie

Paperback | 101 Seiten
ISBN 978-3-89438-384-8
€ 9,90 [D]

»Die wunderlichste Idee, die im Kopf eines Politikers entstehen kann«,
sagte Robespierre, »ist die, zu glauben, es genüge, dass ein Volk mit
Waffengewalt ins Territorium eines fremden Volkes einbreche, um dieses
zur Übernahme der eigenen Gesetze und der eigenen Verfassung zu
zwingen. Niemand liebt die bewaffneten Missionare; der erste Rat, den
Natur wie Vorsicht geben, ist der, sie als Feinde zurückzuschlagen.« Seit
jeher verstecken Regierungen ihre Kriegsmotive hinter hehren Deklara-
tionen: Von Sparta über die Feldzüge Napoleons bis zu den Invasionen
Afghanistans und des Irak. Stets wurden zur Rechtfertigung die nobelsten
Vorsätze bemüht. Luciano Canfora polemisiert gegen jene »moralische,
kulturelle und politische Verdrehung der Tatsachen«, die es einem Staat
erlaubt, seine Hegemonie zu betreiben und sich zugleich als
Verfechter der Freiheit auszugeben.

PapyRossa Verlag

Luxemburger Str. 202, 50937 Köln, Tel. (0221) 44 85 45, Fax 44 43 05
mail@papyrossa.de – www.papyrossa. de

»Eine Insel der Vernunft«

Karl Barth über die »Blätter«

Politisch

Die »Blätter für deutsche und internationale Politik« versammeln „monatlich viele der besten Geister, die derzeit in Deutschland denken und schreiben." (Deutschlandfunk)

Unabhängig

Die politisch-wissenschaftliche Zeitschrift ist redaktionell wie wirtschaftlich eigenständig – und damit unabhängig von Konzernen, Parteien, Verbänden und Kirchen.

Kritisch

Monat für Monat bieten die »Blätter« aktuelle Kommentare und kritische Analysen jenseits vermeintlicher Sachzwänge und neoliberaler Alternativlosigkeit.

Herausgegeben: Katajun **Amirpur**, Norman **Birnbaum**, Peter **Bofinger**, Micha **Brumlik**, Jürgen **Habermas**, Detlef **Hensche**, Claus **Leggewie**, Ingeborg **Maus**, Klaus **Naumann**, Jens **Reich**, Rainer **Rilling**, Saskia **Sassen**, Friedrich **Schorlemmer**, Gerhard **Stuby** u. a.